어른도 읽는
청소년 **책**

어른도 읽는 청소년 책

ⓒ 박상률 2014

1판 1쇄 발행 2014년 7월 3일
1판 3쇄 발행 2017년 10월 10일

지은이   박상률

펴낸이   한기호
책임편집   김지민
편집   정안나, 서정원, 김주희
마케팅   연용호
경영지원   차보람

디자인   이성호
그림   이성호
인쇄   예림인쇄

펴낸곳   (주)학교도서관저널
출판등록   제2009-000231호(2009년 10월 15일)

주소   121-839 서울시 마포구 동교로 12안길 14(서교동) 삼성빌딩 A동 3층
전화   02-322-9677
팩스   02-322-9678
전자우편   slj9677@gmail.com
홈페이지   www.slj.co.kr

ISBN 978-89-6915-006-6 (03800)

이 도서의 국립중앙도서관 출판시도서목록(CIP)은 서지정보유통지원시스템 홈페이지(http://seoji.nl.go.kr)
와 국가자료공동목록시스템(http://www.nl.go.kr/kolisnet)에서 이용하실 수 있습니다.
(CIP제어번호 : CIP2014018397)

어른도 읽는
청소년 책

박상률 지음

학교도서관저널

차 례

청소년 문학의 역사

우리나라 청소년 문학의 역사와 현황 ·················· 10
청소년 소설의 다양한 가지 뻗기 ························ 16
아이는 어떻게 어른이 되는가? ·························· 23

어른도 읽는 청소년 책

가정 내의 폭력, '개무시'하고 있나요? ················ 36
『개 같은 날은 없다』

결핍이 결핍되어도 문제, 결핍이 과잉되어도 문제 ········ 40
『넌 아직 몰라도 돼』

과거의 기억은 현재를 옭매는 족쇄 ···················· 44
『빨간 목도리 3호』

구멍에 빠지다, 늪에 빠지다 ···························· 48
『맨홀』

내 안에 숨어 있는 진짜 나 ····························· 52
『나』

누구든 괴물이 될 수 있다 ······························ 56
『괴물 선이』

당신의 눈 속에 내가 있고 ······························ 61
『하늘을 달린다』

되고 싶은 것도, 하고 싶은 것도 없어! ·················· 65
『열다섯, 문을 여는 시간』

못 다 핀 꽃 한 송이 피우리라 ·················· 69
『순비기꽃 언덕에서』

문학이란 무엇인가? ·················· 72
『날짜변경선』

사람은 죽음을 마주하고 산다 ·················· 76
『두려움에게 인사하는 법』

사랑은 약속을 하게 한다 ·················· 80
『톤즈의 약속』

삶이 아니라 죽음이 끝나는 순간 ·················· 85
『어느 날 내가 죽었습니다』

식구는 밥을 같이 먹지만 저마다 다른 기억을 갖고 있다 ··· 89
『도미노 구라파식 이층집』

아버지와 아들이 같이 성장하는 길 ·················· 93
『아들과 함께 걷는 길』

아픈 시대, 존엄을 지키며 산다는 것 ·················· 97
『무옥이』

어른의 문제가 곧 아이의 문제! ·················· 101
『마음먹다』

여자의 적은 여자일까? ·················· 106
『신기루』

열아홉은 꽃다운 나이가 아니다 ·················· 110
『내일도 담임은 울 삘이다』

위악적인, 짐짓 위악적인 ·················· 114
『자전거 말고 바이크』

유행가 가사가 내 일로 느껴질 때 ·················· 118
『라디오에서 토끼가 뛰어나오다』

주어진 운명에 대적하는 사람들 ·················· 122
『첫날밤 이야기』

착하게 살자! ·················· 126
『내가 가장 착해질 때』

평등 세상을 꿈꾸며 산으로 간 사람들 ·················· 130
『지리산 소년병』

피할 수 없는 현실, 외면할 수 없는 역사 ·················· 133
『거대한 뿌리』

무엇으로 살꼬? ·················· 137
『공사장의 피아니스트』

평화는 일상을 누리는 것 ·················· 141
『갈색 아침』

글을 써서 당한 아픔, 글을 써야 씻긴다! ·················· 148
『멋지기 때문에 놀러 왔지』

벌레만도 못한 인간들! ·················· 152
『벌레들』

아픈 시대에도 소년은 자라고 ·················· 155
『대통령이 죽었다』, 『똥깅이』

오월은 봄이다 ·················· 160
5·18 민주화 운동의 이야기를 담은 동화와 청소년 소설

비 내리는 겨울을 좋아하던 시절에 읽은 책 ………… 169
『운수 좋은 날』

숨탄것의 운명, 소설의 운명 ……………………… 177
『고양이가 기른 다람쥐』

나를 찾아온 이야기

글 읽기와 글쓰기 …………………………………… 192
나를 찾아온 그들, 그들 속에 내가 있으니 …………… 195
개장수로 나서다 …………………………………… 203
'밥값' 하며 살아가는 개님, 아니 우리네 인생 이야기! …… 207
사람보다 나은 개님 이야기 ……………………… 214
문학의 결말 ………………………………………… 229

지은이의 말 ………………………………………… 250

찾아보기, 그림 출처 ………………………………… 252

● **일러두기**
이 책에 수록된 표지와 삽화는 해당 도서를 출간한 출판사에서 받았으며, 책 마지막에 그림 출처를 표기해 두었습니다.

청소년 문학의 역사

✱ 우리나라 청소년 문학의 역사와 현황

청소년 문학의 개념이 성립되기까지

　청소년은 항상 존재했으나, 그 발견은 어린이보다 늦다. 그래서 어린이를 대상으로 한 아동 문학(어린이 문학)은 일찌감치 발흥하여 저만의 고유 영역을 인정받았으나 청소년 문학은 최근에야 독자성을 인정받았다. 이 점은 미국이나 독일 등 서양에서도 마찬가지이다. 그곳에서도 우리처럼 오랫동안 청소년 문학을 아동 문학에 포함시키거나, 일반 문학(성인 문학)의 한 부분으로 취급하였다.
　우리나라에서 청소년 문학으로서의 성장소설이 처음 나온 때는 필자의 『봄바람』(사계절출판사)이 출간된 1997년으로 보는 게 일반적이다. 물론 그 이전에도 성장소설이 있긴 했다. 그러나 그 이전에 존재한 성장소설은 일반 문학으로서의 성장소설이었다. 즉, 자라고 있는 청소년의 현재 상황에 맞춘 성장담이 아니었다. 이미 어른이 된 작가가 자신의 청소년 시기를 돌아보며, 이런저런 아픔과 굴곡이 있었음에도 이겨 내고 작가가 되었노라고 회고하는 예술가 소설로서의 성장소설이었다. 이런 성장소설은 일본을 거쳐 들어온 독일의 교양소설 격인 '성장소설'이라는 장르명에 붙들리기만 했지, 지금 이

순간에도 성장을 계속하고 있는 청소년 자체를 염두에 두지 않은 것이다.

필자가 『봄바람』을 발표하기 전에도 청소년이 주인공인 소설은 있었다. 6·25 전쟁이 아직 다 끝나지 않은 1952년에 김내성은 『쌍무지개 뜨는 언덕』(잡지 「소년」에 연재)을 발표했는데 나중에 만화와 영화로도 제작될 정도로 인기가 높았다. 이어 1954년엔 조흔파의 『얄개전』(잡지 「학원」에 연재)이 나왔는데, 이 소설도 나중에 여러 차례 영화로 제작되는 등 당시로선 상당히 인기가 높았다.

『쌍무지개 뜨는 언덕』이나 『얄개전』에 청소년이 등장인물로 나오긴 한다. 그러나 처음부터 청소년을 독자로 상정하지는 않았다. 그래서 『쌍무지개 뜨는 언덕』은 표지에 '순정소설'이라고 쓰여 있었고, 『얄개전』은 '명랑소설'이라는 딱지를 붙이고 있었다. 이로 미루어 알 수 있듯이 이때의 청소년 독자란 당연히 일반 문학의 독자였는데 그중에서도 특히 '순정소설'이나 '명랑소설'을 즐겨 읽는 독자층이었다. 이런 전통은 나중까지도 이어진다. 청소년은 1970~1980년대까지도 하이틴 로맨스 소설이나 명랑소설을 즐겨 읽었다. 최근에 '작가와의 대화' 시간에 필자를 부른 어느 국어 교사도 고등학교를 다닐 때 하이틴 로맨스 소설을 많이 읽었노라고 털어놓았다. 심지어 주인공 이름만 살짝 바꿔 직접 소설을 써 보기도 했단다.

1960년대에 들어서면서 청소년을 독자층으로 한 소설은 '순정소설'과 '명랑소설'에민 미루르지 않고 분회한다. 이른바 '과학소설'이라는 게 등장하는데, 판타지 소설 같기도 하다. 이를테면 『황혼의 타임머신』(강민 옮김, 아이디어회관) 같은 소설인데, 아쉬운 점은 순수 창작물이 아니고 번안물이라는 것이다. 그 시대의 과학·추리·무협소설은 번안물이 많았다. 이어 1970년대에 들어서면서 서광운의 『우주함대의 최후』(아이디어회관)같은 판타지형 공상과학소설이 나왔다. 이러한 공상과학소설이 청소년 소설로 대접받을 수 있었던 건 청소년을 계몽의 대상으로 삼아 교육적 가치가 있는 책을 읽히려는 어른들의 '자상하기 그지없는' 배려 때문이 아니었을까? 그러한 배려의 연장으로 머리 쓰기에 안성맞춤인 추리소설이 읽히기도 했다. 추리소설 작가 김성종의 『죽음을 부르는 소녀』(바른책)는 제목부터 '추리적'인 느낌을 주는데, 작가는 애초에 청소년 독자를 의식하고 썼다고 한다.

1960~1980년대에 청소년기를 보낸 이들 가운데 국내 공상과학소설이나 추리소설에 만족을 못했던 독자들은 제롬 데이비드 샐린저의 『호밀밭의 파수꾼』이나 헤르만 헤세의 『데미안』, 『수레바퀴 밑에서』나 토마스 만의 『토니오 크뢰거』 같은 번역 작품을 읽었다. 물론 이도 해당 국가에서 청소년 소설로 읽히는 작품은 아니었다. 또한 작가도 애초에 청소년 독자를 염두에 두고 발표한 작품이 아니었다. 그럼에도 청소년 문학이 따로 존재하지 않아 청소년도 읽을 수 있는 작품이 되었다. 일반 소설 중에서 청소년도 읽을 수 있는 작품이면 청소년 소설로 분류할 수밖에 없는 상황이라 그리된 것이다. 이에 우리나라에서도 출판사나 추천도서 목록을 만드는 단체에서 이들 책을 청소년 필독서로 지정하여 유통시켰다.

더불어 우리나라 작품 중에서도 황순원의 『소나기』, 최인훈의 『광장』, 이문열의 『우리들의 일그러진 영웅』, 이청준의 『당신들의 천국』 등이 청소년이 읽어야 하는 소설로 자리 잡으며 청소년 추천도서 내지는 권장도서가 되었다. 교과서에 수록되었기에 청소년 권장도서 자리를 오래 차지하면서 청소년 문학의 정전 역할을 하기도 했을 것이다.

다른 나라와 견주어 볼 때 우리나라 청소년 문학의 독특한 현상 중 하나는 우화 내지는 우화 비슷한 글을 좋아한다는 것이다. 두루 알다시피 우화는 동식물을 인격화해 그들의 행위나 말을 통해 풍자하고 교훈을 얻는 글이다. 우화는 태생상 어쩔 수 없이 계몽성을 띨 수밖에 없는데 생텍쥐페리의 『어린 왕자』가 동화이지만 오랫동안 청소년의 필독서가 될 수 있었던 건 아마도 작품이 지니고 있는 우화적 성격 탓이 컸으리라.

청소년 문학에 나타난 변화와 남은 과제

　청소년은 어린이도 아니고 어른도 아니지만 어린이와 어른 사이에 존재하기에 늘 무시당하기 좋은 존재였다. 그러나 청소년의 성격은 독특해서 단순히 어린이와 어른을 적당히 절충한 존재가 아니다. 청소년은 청소년일 뿐이다. 다른 무엇으로 규정할 수가 없다. 그래서 그들만의 문학이 필요하다.
　1950년대에 『쌍무지개 뜨는 언덕』을 순정소설로, 『얄개전』을 명랑소설로 작가 스스로 규정한 건 바로 청소년의 그런 특징을 어느 정도 감지한 탓일 터. 1980년대에 이르러서도 청소년의 바탕이 되는 기질은 크게 달라지지 않았다. 그러했기에 박범신의 『깨소금과 옥떨메』(이룸) 같은 작품이나 순정 만화 같은 하이틴 로맨스 소설이 청소년의 각광을 받았을 것이다. 1980년대에 동화 작가 정채봉이 성장소설 『초승달과 밤배』(샘터)를 발표했으며, 소설가 송영은 『꼬마 야등이의 세상 보기』(문학세계사)를 펴냈다. 하지만 이 작품들은 처음부터 청소년 독자를 염두에 둔 것이 아니고, 어른이 된 작가가 지난날을 돌아보며 쓴 자전적 성장소설이다. 따라서 본격적인 청소년 성장소설의 시작으로 보기는 어렵다.
　1990년대에 이르자 청소년들의 감수성이 변하기 시작했다. 청소년은 더이상 어린이와 어른 사이의 어정쩡한 존재가 아니었다. 게다가 정치 환경이 이전보다 너 자유로워졌다. 대학 입시의 중압감은 여전했지만 각종 영상 매체와 인터넷, 나아가 휴대전화 같은 통신 수단의 변화가 생겼다. 사회적으로는 이주 노동자가 많이 생겼으며, 그들과 결혼하는 한국인도 많이 생겨났다. 이 시기에 독서 시장도 지각 변동을 일으키기 시작했다. 청소년을 외면하고선 사회적 담론이 형성되지 않기 때문이었다. 이 무렵 소설가 최시한이 펴낸 연작소설 『모두 아름다운 아이들』(문학과지성사)이 독서계의 호평을 받은 것도 이런 분위기와 무관하지 않다. 『모두 아름다운 아이들』은 처음엔 청소

독자를 그다지 의식하지 않았을지 모르지만 청소년 권장도서가 되면서 이후 청소년 문학으로 편입되었다.

　필자는 시로 문단에 나온 후에도 내 안에 함께하고 있는, 어른이 된 뒤에도 완전히 이별하지 못한 청소년을 늘 의식하고 있었다. 그러는 가운데 '현재의 청소년'도 눈에 들어왔다. 그래서 청소년 소설을 몇 편 써서 인연 있는 출판사에 들이밀었다. 그러나 한결같이 감을 잡지 못했다. 한두 해 그러고 있는 사이에 사계절출판사의 편집자가 무릎을 탁 쳤다. 그렇게 해서 청소년 문학의 원조 격인 '사계절 1318문고'가 탄생했다. 이에 필자는 청소년 소설 『봄바람』으로 본격적인 청소년 문학의 물꼬를 트고, 『나는 아름답다』, 『밥이 끓는 시간』 등을 잇따라 펴내며 청소년 문학의 물길을 잡아가기 시작했다. 이와 발맞추어 청소년 소설 작가를 발굴하기 위한 '사계절 문학상'이 제정되었다. 사계절 문학상을 통해 세상에 첫발을 호기 있게 내민 작품은 이옥수의 『푸른 사다리』, 신여랑의 『몽구스 크루』, 김해원의 『열일곱 살의 털』, 박지리의 『합★체』, 이송현의 『내 청춘, 시속 370km』 등이다. 사계절 문학상의 특징은 청소년 문학 역시 문학적 바탕을 깔지 않으면 안 된다는 점을 보여 주는 것이다.

　사계절출판사가 문학상을 통해 청소년 소설 신인 작가를 발굴하자 다른 출판사들도 힘을 보태기 시작했다. 지금은 세계일보나 창비, 시공사, 비룡소, 문학동네, 자음과모음 등의 출판사가 청소년 문학상을 제정하거나 청소년문고를 펴냄으로써 적극적으로 청소년 소설 작가를 발굴하고 있다.

　특히 창비 청소년 문학상은 사계절 문학상과 더불어 청소년 소설 작가 발굴에 공헌을 많이 했다. 창비 청소년 문학상을 받은 김려령의 『완득이』는 소설 자체로도 큰 반향을 일으켰는데 영화로 제작되어 그 존재감을 한껏 드러내기도 했다. 『완득이』는 등장인물의 발칙함에 장애인, 이주 결혼 등의 문제도 건드리며 요즘 청소년들의 '쿨한' 정서를 경쾌하게 담아내 독자들의 호평을 받았다. 더불어 구병모의 『위저드 베이커리』도 여타의 청소년 소설에서 미처 시도하지 못한 일상의 탈주를 과감히 드러냄으로써 호평을 받았다. 『완득이』는 다양한 사회적 소재에도 불구하고 명랑소설의 계보를 잇는다고 할 수 있으며, 『위저드 베이커리』는 뒤틀린 욕망 등을 보여 주고 있지만 공포와 판타지를 곁들인 추리소설의 영향을 받았다고 본다. 어쨌든 모두 청소년들의 감수성을 자극할 만하다. 사계절출판사의 청소년 문고가 순수 문학을 지향한다면 '창비 청소년 문고' 시리즈는 추리, 공포, 판타지 등의 장르소설까지 문이 폭넓게 열려 있다고 할 수 있다.

청소년 문학이라 하면 아직은 소설을 이른다. 시에서 청소년 시를 표방한 『난 빨강』(박성우 지음, 창비)이 나오긴 했지만 아직은 첫걸음을 뗀 수준이다. 희곡에서도 청소년 희곡을 표방한 『UFO를 타다』(배봉기 지음, 우리같이)가 나왔다. 그러나 이 역시 걸음마 수준이다. 장르 불균형에 대해 논의가 필요하고, 청소년 소설도 정전을 구성해 가는 문제가 곧 대두하리라 본다.

인간은 언어로 세계를 구성한다. 어린이는 어린이대로, 어른은 어른대로 자신이 아는 어휘를 동원해 자신의 세계를 구축하거나 설명하는 것이다. 청소년도 마찬가지이다. 그래서 그 사람이 구사할 수 있는 언어 수준이 어쩌면 그가 사는 세계의 너비와 깊이인지도 모른다.

문학은 다른 어떤 학문이나 예술 갈래보다도 언어를 중시한다. 언어를 통해서 세계를 구축하고 설명한다. 언어기 표현 도구인 것이다. 문학이 인간에게 중요한 건 바로 이 점이다. 언어로 세계를 구성하는 인간에게는 늘 문학이 필요하다. 청소년에겐 더욱 그러하다. 어린아이는 아직 자아와 세계가 통합되어 있어 별다른 갈등을 겪지 않는다. 이에 비해 청소년은 자아와 세계 사이에 틈이 생겨나기 시작해 점차 균열이 심해진다. 청소년은 흔들리는 자아와 세계 사이에서 어떻게 자아를 붙들고 세계를 구성할지 망설인다. 이것이 어린아이와 어른보다 청소년에게 문학이 더 필요한 이유이다.

✱ 청소년 소설의 다양한 가지 뻗기

　청소년 소설이라 명명한 필자의 『봄바람』이 출간된 때가 1997년이니, 언필칭 공식적인 청소년 소설이 나온 지 20년이 다 되어 간다. 10년이면 강산도 변한다는 말이 있듯이, 청소년 소설에서도 그간 괄목할 만한 변화가 있었다. 소설을 쓰는 기법이나 작가의 역량은 일반 소설과 같이 가는 것이므로 논외로 친다면, 청소년 소설의 영역이 다양해졌고, 웬만한 출판사라면 대부분 청소년 소설을 출간한다는 게 가장 큰 변화라고 할 수 있다.
　『봄바람』을 비롯해 초기의 청소년 소설은 거개가 성장담이었다. 성장담이 나쁜 것은 아니지만 모든 이야기가 성장담만 담고 있으면 문제일 것이다. 천편일률적인 소재인지라 독자들이 다양한 책의 맛을 볼 수 없기 때문이다.
　물론 소설은 기본적으로 성장의 서사를 다룬다. 일반 독자들은 영혼의 성장이라도 맛보기 위해서 소설을 읽는다. 그러기에 반성장의 서사도 성장의 서사라고 할 수 있다. 특히 청소년은 영혼의 성장과 더불어 육체의 성장도 같이하고 있다. 이 점이 청소년 소설의 성장소설과 일반 소설의 성장소설이 뚜렷하게 구분되는 점이다. 무슨 이야기든 청소년과 성장을 따로 떼고 말할 수는 없다. 그러나 '성장'이라는 말 때문에 곧잘 오해하기 쉬운 게 청소년 소설이기도 하다.

최근에 나온 청소년 소설은 고전적 의미의 성장소설에만 머무르지 않고 다양한 양상을 보여 주었다. 다시 말해 소재 차원에서 청소년 소설의 영역이 넓어졌다.

고전적 의미의 성장담

여전히 청소년의 성장을 그린 소설도 많이 나온다. 말 그대로 성장하는 청소년의 모습을 그린 소설이다. 청소년 소설의 성장소설이 일반 소설의 성장소설과 다른 점은 청소년은 몸도 같이 자라고 있다는 것이다. 몸이 자람에 따라 정신도 같이 자란다. 나아가 자신이 속한 환경도 돌아보게 된다. 환경은 가정과 학교와 사회라는 울타리이다. 성장이란 그 속에서 어떻게 견디며 어떻게 어른이 되는가, 하는 문제이다.

이 부류에 드는 소설은 몸이 성치 않은 소녀가 바닷가 마을에 몰아닥친 근대화의 바람을 어떻게 견디는지를 다룬 『순비기꽃 언덕에서』(서순희 지음, 문학과지성사)를 비롯, 한집에서 자취를 하며 좌충우돌하는 여고생의 생활상을 그린 『우리들의 자취 공화국』(구경미 지음, 문학과지성사)을 들 수 있다. 작가의 청소년 시절인, 그때 그 시절 이야기이다.

학교생활의 고달픔

청소년들 대다수가 학교에 적을 두고 있는 게 현실이다. 따라서 학교와 학교 안의 구성원인 학생이나 교사를 다룬 청소년 소설이 많은 건 당연지사이다. 학교 소설로 분류할 수 있는 건 이른바 빵셔틀, 금품 갈취 등 학교 폭력을 적나라하게 파헤친 『악마의 비타민』(양호문 지음, 자음과모음), 우정을 가장한 질투와 집착이 일으킨 악몽을 담은 『괴담』(방미진 지음, 문학동네), 각자의 개성을 존중해 주지 않는 학교의 현실에 변두리 종합고등학교 학생들의 내면과 외피를 담은 『불량청춘 목록』(박상률 지음, 자음과모음), 멀쩡하다고 여겨지는 아이와 우울증 내지는 게임 중독이라는 진단을 받은 아이의 내면을 그린 『그놈』(박선희 지음, 자음과모음)을 들 수 있다. 장르소설 같은 외피를 둘러썼지만 실은 현재 학교를 가정한 『방주로 오세요』(구병모 지음, 문학과지성사), 평범한 아이들의 이야기를 다룬 『상큼하진 않지만』(김학찬 지음, 문학동네)도 여기에 넣을 수 있다.

역사 앞에 선 청춘들

아이들이라고 역사에서 자유로울 수는 없다. 역사적인 사건이 아이들을 더 옭맬 수 있기 때문이다. 『1945, 철원』(이현 지음, 창비)은 해방 공간을 살았던 사람들의 삶을 복원시켰다. 아직 신분적인 계급이 남아 있는 시절의 얘기다. 철원 지방을 중심으로 낯선 세상에 던져진 청춘들이 세계와 어떻게 관계를 맺어야 하는지를 그렸다. 『무옥이』(이창숙 지음, 상상의힘)는 지금 청소년들의 할머니뻘 세대의 이야기이다. 1940년대의 식민지 말기에서 1952년 6·25 전쟁 직후까지의 소녀들. 그들도 역사와 무관하지 않았다. 『지리산 소년병』(김하늘 지음, 별숲)은 좀 더 적극적으로 역사 현장에 들어간 이야기이다. 열네 살 소년병의 눈으로 바라본 역사의 진실이랄까. 남북의 좌우 이념 대립 아래에 놓이게 된 지리산 빨치산 투쟁 과정을 실감 나게 그렸다.

아이와 부모가 이루는 가정

가정 폭력은 청소년 소설에서 곧잘 다루어진다. 이는 가정 문제가 어른인 부모의 문제로 그치지 않고 곧 아이의 문제이기도 하기 때문일 것이다. 집안 문제에서 아이들은 자유로울 수 없다.

『개 같은 날은 없다』(이옥수 지음, 비룡소)는 아버지의 폭력에 이어 형의 폭력을 다루고 있다. 형의 상처가 동생에게 그대로 전해지는 구조다. 『맨홀』(박지리 지음, 사계절출판사)은 언뜻 보면 가정 폭력 문제를 다룬 것처럼 느껴지는 소설이다. 아버지의 폭력 때문에 불안해하는 실존적 존재를 다룬 소설인데, 폭력과 불안을 통해 부조리한 세상을 보여 준다.

『신기루』(이금이 지음, 푸른책들)는 엄마와 딸의 여행 소설이다. 하지만 단순한 여행 소설이 아니다. '신기루'와 '사막'이 뜻하는 바를 상징적으로 충분히 살렸다. 여행을 통해 어머니와 딸의 관계를 들여다보게 해 주며, 여성인 엄마와 딸의 문제를 다룸으로써 가족을 더 잘 이해하게 도와주는 소설이다.

몸과 죽음

요즘 아이들은 몸에 관심이 많다. 자세히 말하자면 얼굴 생김과 몸무게에 관심이 많다. 물론 그런 것에 관심이 많은 게 아이들 탓만은 아니다. 사회가, 어른들이 외모를 중시하기 때문에 아이들도 외모지상주의자가 되는 것이리라. 『다이어트 학교』(김혜정 지음, 자음과모음)는 외모가 전부가 아니고, 내면이 아름다워야 한다는 '도사 같은' 결론을 담은 얘기가 아니다. 그보다 더 아름다운 몸을 꿈꾸는 청소년의 이야기다.

팔팔했던 몸은 나이가 들어감에 따라 시들시들해지며 온갖 병마에 시달리게 된다. 병마는 늙지 않은 몸에게도 찾아온다. 『두려움에게 인사하는 법』

(김이윤 지음, 창비)은 엄마가 느닷없이 암에 걸려 본의 아니게 죽음을 대해야 한다. 죽음은 이별이다. 이별을 통해 모녀간의 사랑과 친구 간의 우정을 다시 생각해 보게 하는 작품이다. 엄마와 이별하는 게 이야기의 큰 줄기이지만 주인공이 이성 친구인 시리우스와 이별하는 것도 만만치 않다. 두 이별 과정이 요란스럽지 않고 잔잔하게 그려져 있다.

가축과 짐승의 시간

그동안 생태동화나 생태소설은 많이 나왔다. 『개님전』(박상률 지음, 시공사)은 개가 주인공이긴 하지만 개의 생태를 다룬 생태소설이 아니다. 어찌 보면 의인화 소설이다. 그러나 계몽이나 교훈의 목소리가 날것으로 드러나는 것이 아니라 개를 통해 사람답게 사는 게 뭔지를 알게 해 준다. 『검은개들의 왕』(마윤제 지음, 문학동네)은 익히 보던 소설 문법이 아니다. 등장인물의 불안감과 마음속 생각들의 자유로움을 보여줌으로써 소재를 확장했다고 볼 수 있는 작품이다. 환상적인 사건과 사실적인 사건들이 유기적인 관계를 맺으며 진행되는데, 예수도 못 믿고 부처도 못 믿으니 귀신을 믿겠다고 하는 언설에서 억지스러움이 좀 드러나기도 하나 전반적으로는 이야기를 잘 엮은 느낌을 받을 수 있다.

장르로서의 가능성

청소년 소설에 추리소설의 기법이나 과학소설의 사건 전개 방식, 그리고 판타지적 요소들을 집어넣어 독자들을 붙들고자 하는 소설들도 많다. 『제2 우주』(선자은 지음, 자음과모음)는 죽은 엄마가 살아 있는 평행우주 위의 또 다른 세계와, 현실의 세계를 왔다 갔다 한다. 엄마의 유품을 통해 다른 세계로 이동하게 되는데 좀 작위적인 느낌이 든다. 『시간을 파는 상점』(김선영 지음, 자음과모음)은 제목만으론 판타지 같아 보인다. 내용 또한 시간을 파는 것이지만 실제로는 심부름센터와 비슷한 역할을 한다. 시간 자체에 대한 작가의 추상적이고 관념적인 생각이 드러나는 까닭에, 현실이 시간과 잘 맞물리지는 않는다. 사건 속에 작가의 시간관념이 자연스레 녹아 있지 않고 표면에 머무는 듯하다.

『마녀를 꿈꾸다』(이상권 지음, 시공사)는 꿈과 현실이 뒤섞여 어디까지가 꿈이고 어디까지가 현실인지 그 경계가 모호한 소설이다. 말하자면 구체적인 현실과 추상적인 꿈이 뒤섞인 판타지물이다. 등장인물이 모두 기괴해서 되레 평범하게 살기가 더 어렵다는 걸 말해 준다. 모성이 결핍된 아이, 버려지는 것이 두려운 아이의 이야기를 통해 상처를 극복하고 사는 게 뭔지 보여 준다.

학교 밖의 삶

『우주 비행』(홍명진 지음, 사계절출판사)은 북한에서 남한으로 온 탈북 청소년 이야기이다. 원래 열아홉 살이지만 남한에서는 열일곱 살로 살아가는 주인공을 통해 남한 사회에 적응하지 못한 아이들 이야기를 들려준다. 청소년이면 누구나 관심을 가질 만한 춤이나 꿈에 대한 무난한 이야기이기도 하다.

『라구나 이야기 외전』(박영란 지음, 사음과모음)은 필리핀의 리구나 지역에 유학 온 아이들이 거기서 나름대로 외로움 등을 견뎌 나가는 이야기이다. 이국적인 것을 보여 주는 건 좋지만 특수한 상황을 일반화하기에는 조금 아쉬운 면도 있다.

집과 학교를 벗어난 아니, 학교와 학원의 책상 앞에 붙들려 있지 않은 아이의 생태적인 삶을 풀어놓은 『고수』(김수경 지음, 자음과모음)에서는 생래적으로 목숨에 충실하게 사는 아이를 만날 수 있다.

단편 모음집

학교 현장에선 장편 소설보다는 단편 소설이 더 잘 읽힌다. 이는 긴 글을 잘 읽어 내지 못하는 아이들의 독서력하고도 직결되지만 다른 한편으론 단편이 독후활동을 하기에 장편보다 더 편한 측면도 있다. 그러나 출판사에선 단편이 상업적으로 안 팔린다는 '묵계'가 있어 그동안 단편을 외면해 온 게 사실이다. 그래서 단편은 일정한 주제로 엮인 '테마 소설'로 겨우 연명하였다. 대표적인 것이 '청소년을 위한 소설심리클럽' 시리즈(우리학교)와 『난 아프지 않아』(북멘토)이다. 이런 흐름에 고개를 갸우뚱하고서 필자는 단편 모음집 『세상에 단 한 권뿐인 시집』(실천문학사)을 펴냈다. 이 책은 아이들의 학교 현실과 처한 상황 등 각 단편의 주제가 또렷하다. 인간의 삶을 불행하게 하는 장애, 가난, 폭력의 주제를 단편마다 담은 『사랑니』(이상권 지음, 자음과모음)도 있다.

이상에서 살펴본 바와 같이 최근 출간된 청소년 소설은 대략적으로 9가지 정도로 나눌 수 있다. 이는 고전적 의미의 성장을 단일 품목(?)으로 여겼던 청소년 소설이 다양한 영역으로 확장된 것을 보여 준다. 필자의 『봄바람』이 나온 이후 청소년 소설의 영역이 그만큼 넓어졌다는 얘기다. 어찌 보면 청소년 소설이 다루지 않아야 할 문제는 없다. 청소년의 문제라지만 기실은 사회와 어른의 문제이기 때문이다. 사회가 더 복잡해질수록 청소년 소설의 가지는 더욱 다양하게 뻗어 나갈 것이다.

✱ 아이는 어떻게 어른이 되는가?

아이들의 본보기

"나는 엄마(아빠)처럼 안 살아!" 부모라는 자리에서 부모 노릇을 하는 사람 치고 사춘기 자녀들한테 한 번쯤 이런 말을 안 들어 본 사람은 없을 것이다. 그때의 심정은? 누구나 하늘이 무너지는 느낌을 받을 것이다. 하지만 이건 자녀들만의 별스런 말이 아니다. 부모 자신들이 사춘기 때 이미 그런 말을 내뱉었는지도 모른다. 그렇다면 자신이 뱉었던 말을 자식에게 고스란히 돌려받은 셈이다. 그런데도 불편하고 속상하다. 그러면서 자꾸만 자신은 예전에 그러지 않았던 것처럼 착각한다.

아이가 자라 결국 어른이 된다. 그런데 어른은 늘 아이를 이해할 수 없고, 아이는 어른을 이해할 수 없다. 아이가 어른을 이해할 수 없는 건 어쩌면 당연한 일이다. 아직 어른으로 살아 보지 않았기 때문이다. 그런데 어른이 아이를 이해하지 못하는 건 납득하기 어렵다. 어른은 아이로 살아 본 적이 있기 때문이다! 그러나 이미 개구리가 되어 있는 어른은 자신의 어린 시절, 즉 올챙이 시절을 까먹고 만다.

그렇다면, 인간이라는 동물은 왜 사춘기 때 그런 말을 할까? 그리고 부모에게 상처를 안길까?

　자식이 아무리 보아도 부모는 자신의 본보기가 될 수 없기에 그런 말을 내뱉는지도 모른다. 부모 자리에 있으면 아무리 머리를 굴려도, 부모가 자식의 본보기가 되지 못하는 현실이 이해되지 않는다. 부모는 아이가 이런 말을 자신에게 쏘아붙이면 당연히 상처를 받으며, 서운한 마음이 앞서며, 나락으로 떨어지는 심정이다.

　"내가 너를 어떻게 키웠는데!" 부모는 자신이 자식한테 들인 공을 먼저 생각한다. 자신이 부모한테 저지른 '전과'를 생각하는 법은 없다. 부모 자식 간이 너무 가까워서 그런 걸까?

　부모 자식 간은 누구보다 가까운 사이이다. 하지만 멀려면 가장 먼 사이이기도 하다. 그래서 여간해선 부모가 자식의 본보기가 되기 어렵다. 대부분의 자식들은 부모 뒤를 잇는 걸 마뜩잖아 한다. 물론 간혹 부모의 자세를 본받으며 가업을 잇겠다는 자식이 있기는 하다. 하지만 그런 일은 드물어 그야말로 '미담'으로 회자한다.

　요즘 아이들 대부분이 되고 싶은 건 연예인, 그것도 이른바 '아이돌'이란다. 재능이 있고 없고는 상관없다. 그런 것을 따지는 건 그야말로 '촌스러운' 일이다. 아이들은 겉보기에 화려하고 돈 잘 버는 연예인이 막무가내로 좋을 뿐이다. 그럼 부모들이 바라는 것은 무엇일까? 공무원, 교사, 의사라고 한다. 부모들은 좀 더 현실적으로 자녀가 안정적인 직업을 갖기를 원한다. 자식들의 능력이나 의사는 무시해도 좋다. 그냥 그런 직업을 가진 사람이 되면 좋겠단다.

　이는 부모와 자식의 생각이 한참 동떨어져 있다는 것을 의미한다. 부모는 뭐니 뭐니 해도 세상 살기엔 경제적 안정이 최고라고 생각한다. 그래서 월급이 착착 잘 나오는 직업이나 돈 잘 버는 직업을 원한다. 물론 요즘 아이들도 돈을 매우 중요하게 생각한다. 그래서 연예인이나 운동선수들의 연봉을 부러워한다. 거기에다 아이들은 그들의 '폼 나 보이는' 생활을 동경한다.

그렇다면 자식들에게 부모가 본보기가 되는 것은 아주 불가능한 걸까? 결론은 여간해서는 어렵다는 것이다. 선지자는 고향에서 안 알아준다는 말과 일맥상통한다. 가까이 있는 것은, 아무리 위대한 것일지라도 하찮고 시시해 보이기 때문이다.

부모의 심정을 이해하는 것은 자식이 부모가 되어서야 비로소 가능하다. 김소월의 시 「부모」에 '내가 부모 되어서 알아보리라'라는 구절이 있음을 떠올려 보자. 누구든 부모가 되기 전엔 절대로 부모의 심정을 모른다. 아니 부모의 삶을 인정하고 싶지 않다.

그럼 누가 아이들의 본보기가 되는 걸까? 옛날 부모는 자신이 일찌감치 자식의 본보기가 아님을 알아차렸다. 그래서 자신보다 그럴싸해 보이는 사람들의 삶이 담겨 있는 '위인전'을 자식들에게 안겨 주며 강조했다.

"너희들은 어떡하든지 출세해서 부모의 한을 풀어 다오!" 풀어야 할 부모의 한이 무엇일까? 부모의 한은 부모의 욕망이다. 부모가 자식에게 위인전을 안겨 준 것은 자식을 통해 자신의 욕망을 채우고 싶어서이다. 불편하지만, 그건 '오랫동안, 아주 오랫동안' 피할 수 없는 사실이다.

은수저 물고 태어난 사람들

그럼 위인전 전집을 받은 아이들은 마냥 즐거웠을까? 텔레비전, 컴퓨터, 휴대전화 같은 것이 없을 때는 볼거리나 놀 거리가 없어 그나마 그런 책을 읽으며 저녁 시간을 보내기도 했다. 그러나 이내 자식들은 '위인전'을 던져 버리며 투덜거린다.

"뭐야? 위인은 다 정해져 있잖아!"

"이 사람은 태어나기를 나하곤 다르게 태어났어! 태어날 때부터 입에 은

수저가 물려 있는 걸."

"우리 집은 위인이 되기엔 너무 보잘것없어!"

부모의 바람과 달리 자식들은 부모가 안겨 준 '위인전'을 보며 자신은 절대로 위인이 될 수 없음을 바로 알아차렸다. 그들이 느끼기에 자신들은 애초에 위인으로 태어나지도 않았지만, 무엇보다도 장차 위인으로 자랄 수 있는 집안 환경도 아니었다. 되레 이런 집안에, 이런 부모 밑에 태어난 걸 못마땅해했다.

사실, 위인들은 태몽부터 예사롭지 않다. 전부 다 하늘의 별이 어쩌고저쩌고 하거나, 용이 하늘로 올라가는 등 나중에 큰 인물이 될 것을 암시한다. 위인의 어머니는 자식이 나중에 위인이 되기로 예약하는 꿈을 반드시 꾸어야 한다. 위인전은 이른바 '위인 예정설'에 충실하다.

위인전의 주인공 중에도 가끔 어려운 집안 형편이지만 뜻을 이룬 입지전적인 인물이 있다. 그러나 그것도 위인으로 예정되어 있기에 가능하다. 그들의 집안은 본디 양반으로(조선 시대 인물일 경우) 가문을 다시 일으켜 세워야 하는 '미션'이 위인에게 주어진다. 장차 위인이 될 사람은 집안 환경과 상관없이 하나같이 머리가 비상하게 좋거나, 운이 '억수로' 좋아 삶의 길목마다 결정적인 행운이 찾아오고, 이런저런 고생을 하지만 끝내 몰락한 집안을 일으켜 세운다. 이런 이야기를 읽다 보면 역시 위인은 예정되어 있다고 생각하기 마련이다.

이래저래 위인의 조건을 갖추지 못한 자식들은 위인 되기를 일찌감치 포기하고 미리 좌절한다. 그러나 부모들은 자식들의 그런 사정을 헤아리지 않고 없는 살림에 어렵사리 책을 전집으로 한 보따리 안겼으니, 자식이 어느 날 갑자기 엄청난 것을 보여 주리라 기대하며 산다. 부모는 '개천에서 용 나기'를 기다리며 밥벌이의 온갖 지겨움을 다 견뎌 낸다. 그러다 자식이 부모처럼 안 산다고 선언이라도 할라치면 상처를 받고 인생 다 도루묵 되었다며 한숨으로 나날을 보낸다.

　자식에게 이런 말을 안 듣고 상처를 안 받으려면 어찌해야 할까? 먼저 부모 자신의 욕망이 덧씌워져 있는 위인전을 버려야 한다. 위인의 삶과 업적 따위를 영웅적으로 적어 놓은 위인전은 위아래 세대 모두를 망친다. 자식은 부모와 집안 환경을 탓하며, 부모는 자식이 자신의 기대와 몹시 어긋나게 자라고 있는 걸 탓한다. 자식은 애초에 출생부터 잘못이라고 우기고, 부모는 '그럼에도 출세!'를 부르짖는다.

자기 몫의 세상살이

　위인전은 이와 같이 애초에 태어날 때부터 범상하지 않은 인물의 이야기를 다룸으로써 많은 이들에게 좌절감을 안긴다. 그럼 어떡해야 하나? 모두 다 위인, 이른바 '큰사람' 되기를 포기해야 하나?

　세상이 편안하고 부정부패가 없으려면 막무가내로 '위인'이 되어야 하는 게 아니고 누구든 그냥 자기 몫의 세상을 살아가면 그만인 성싶다. 자기 몫의 세상을 열심히 살아가면 곁눈질을 할 필요가 없다. 무조건 출세의 사다리를 타고 올라가야 한다는 강박도 없다. 출세의 사다리 아래엔 무수히 많은 희생자가 있을 수밖에 없다. 좁게는 부모 형제, 넓게는 사다리를 오르며 경쟁에서 제친 사람들 모두가 희생자다.

　무엇보다도 지금 필요한 것은 출세의 의미를 바꾸는 일이다. 예전엔 남을 딛고 '어떡하든지' 세상의 높은 곳에 오르면 출세했다고 했지만, 이젠 자기 자신에 얼마나 충실했는지를 출세의 덕목으로 삼아야 한다.

　그러한 측면에서 오래전에 뿌리깊은나무에서 펴낸 '민중 자서전' 시리즈를 다시 주목한다. 지금 나오는 보통 사람들의 인터뷰집이나 탐방기 같은 것은 모두 '민중 자서전'의 변주일지도 모른다. 글도 모르는, 아니 글을 유려하게 쓸 줄 모르는 대다수 사람들의 삶을 구술로 듣고 받아 적은 게 이런 축에 드는 글이다. 이런 글을 읽으며 독자는 좌절하지 않는다. 되레 구술자의 삶에 공감하며 자신의 처지를 돌아보게 된다. 그러면서 자기 삶의 태도를 다시 점검하게 된다. 진정한 성장을 하는 것이다.

아마 '민중 자서전'이 나온 뒤부터 '위인전'이라는 말도 덜 쓰게 되었으리라. 큰사람이 아닌 보통 사람에게서도 배울 게 얼마든지 있는데(어쩌면 배울 게 더 많은지도 모르는데), 굳이 '위인'에게만 붙들려 있을 까닭이 있겠는가?

초야에 묻혀 사는 장삼이사의 삶도 기록할 만한 가치가 있다. 세상에 이름을 드날리는 이들만 큰사람이 아닌 것이다. 자기 삶의 주인으로 열심히 산 사람이면 누구든 큰사람이다.

어린이·청소년 출판 분야에서도 이때부터 점차 '위인전'보다는 '인물이야기'라는 말이 더 쓰인 것 같다. 시초는 지난 1990년대 초에 『장준하』(김민수 지음)를 첫 권으로 해서 펴내기 시작한 사계절출판사의 '우리 시대의 인물 이야기' 시리즈이다.

위인전은 필시 영웅담일 수밖에 없다. 그러니 우리 시대보다는 옛 시대를 즐겨 다루었다. 그러나 아이들은 옛 시대를 사는 게 아니고 현시대 내지는 미래 시대를 살아야 한다. 인물이야기에서도 우리 시대를 산 사람의 이야기가 필요한 연유가 여기에 있다. 우리 시대를 바탕으로 해서 아이들은 미래 시대를 산다. 누구든 우리 시대를 꿰뚫어 보고 나서야 미래 시대를 열 수 있다. 그런 점에 출판계가 주목했으리라 본다. 지금 '위인전'이라는 말을 쓰는 출판물은 거의 없는 걸 보면 알 수 있다.

위인전, 평전, 자서전, 그리고 인물이야기

익히 알다시피 전기는 서사적인 이야기 구조 속에 인물의 삶을 담아낸다. 나름대로 소설같이 형상화를 하는 것이다. 그러기에 어떤 장면이 나오더라도 위인전에서보다는 훨씬 더 그럴듯하게 뒷이야기와 연결되게 한다. 물론 위인전에서도 그렇게 한다. 하지만 독자가 어린 걸 염두에 두다 보니 간혹 (아니 많이!) 황당한 이야기가 스며들 때가 많다.

평전은 인물의 삶에 대해 기술하는 건 전기와 같지만 글을 쓴 평자의 의견이 곳곳에 스며든다. 인물의 삶에 대한 직접적인 평은 물론, 인물이 보여주지 않은 내면에 대해서도 평자의 의견이 많이 반영된다. 독자는 평자의 의견을 지렛대 삼아 인물의 속내까지 들여다보는 묘미가 있다. 어쩌면 평전은 대상 인물을 매개로 하여 평자의 그 인물에 대한, 혹은 평자의 종사 직업에 대한 '견해'를 펼치는 것인지도 모른다.

그럼 자서전은 어떨까? 자서전은 자기 스스로 자신의 삶을 밝히는 거니까 내면의 풍경도 쉽게 드러날까? 하지만 그런 것도 아닌 것 같다. 대부분의 자서전의 경우 거의 읽을 필요가 없는 '조작된 기록물' 내지는 '구성된 홍보물'일 가능성이 크다. 주로 정치가나 기업가의 자서전에 이런 경우가 많다. 그들은 대필 작가를 고용해 자신의 삶을 구술해 주고 자신에게 유리한 자료들만 건네주며 자신의 삶을 그럴싸하게 써며 주실 바란다.

앞에서 '민중 자서전'을 얘기했지만, 자서전은 '민중'보다는 유명인의 회고록인 경우가 많다. 그러기에 자신의 삶을 객관적으로 그리기보다는 미화하는 경우가 더 많다. 가끔 저자 사후에 내 논란거리가 많은 자서전도 있다.

구술을 듣고 인터뷰 전문가가 대신 썼다는 점에서 '민중 자서전'도 대필이다. 하지만 이 경우는 미화는커녕 보이는 그대로의 맨살 내지는 속살을 드러내 줌으로써 독자로 하여금 여러 생각을 하게 한다. 자신의 이웃이 평소

쓰던 말투 그대로 자신의 삶을 보여 준 까닭이다. 물론 읽으며 좌절감을 느낄 필요도 없다.

　인물이야기는 말 그대로 대상이 되는 인물에 대한 서사적 이야기이다. 소설이나 동화처럼 구성되어 있다. 인물 이야기가 위인전과 뚜렷이 다른 점은 무엇보다도 인물을 영웅으로 그리지 않는다는 데에 있다. 인물이야기에선 인물의 인간적인 단점이나 약점까지도 있는 그대로 보여 준다. 그렇다고 평전처럼 글쓴이의 의견을 곳곳에 삽입하며 '은근슬쩍' 드러내지도 않는다. 인물이 특별한 사람이 아니라, 보통 사람과 똑같이 고민하고 방황하는 존재라는 걸 객관적으로 보여 주기만 한다. 판단은 독자에게 맡기면서…….

누구나 인간의 대표자

　미당 서정주 시인은 당대 시인 가운데 우리말을 가장 잘 다룬 시인으로 연구자들 사이에서 인정받는다. 하지만 그의 친일 경력과 권력에 대한 해바라기성 행적 때문에 시단이나 대중에게 환영은 받지 못한다. 그런 그가 자신을 키운 건 '팔 할이 바람'이라고 추상적으로 말했다. 그는 삶조차도 바람 운운함으로써 추상적으로 말했다. 그러나 나는 구체적으로 말한다. 나를 키운 건 팔 할이 다른 사람의 삶이었다고!

　젊은 시절, 아직 삶의 물길을 어디로 돌려야 할지 망설일 때, 다른 사람의 삶이 들어 있는 책이 내 삶의 밑바탕을 많이 이루어 주었다. 내가 관심 가는 분야만이 아니라 전혀 관심이 없던 분야의 인물들도 나의 '본보기'가 되어 주었다.

　아프리카의 성자라 일컫는 슈바이처의 자서전을 읽으면서는 그의 정치적 지향점과는 다른 덕목을 보기도 했다. 아프리카로 떠나기 위해 구입할 물품의 목록을 세세하게 작성하면서, 그 목록에서조차 예술적 미를 발견하는 슈바이처의 안목에 대해 고개를 끄덕인 적이 많다.

과학자 아인슈타인의 전기에서는 자신을 사로잡는 것에 대한 탐구 정신은 물론, 음식과 악기 연주 등 그를 이루는 다른 모습도 들여다볼 수 있었다.

만해 한용운이나 김수영 시인, 이중섭 화가 등을 다룬 평전을 통해서 대상 인물을 그리는 문장 속에 감추어진 글쓴이의 생각을 얼핏얼핏 알 수 있어 좋았다. 서양화가인 장욱진의 자전적 글이나 박수근의 약전(간략하게 쓴 전기)을 읽고는 미술가의 고뇌와 일상을 훔쳐보는 기쁨을 누리기도 했다. 그뿐이랴. 조선 시대의 소리꾼이나 광대, 화가 등의 삶을 적은 글을 통해서 예술가란 기본적으로 삶에 대해 어떤 태도를 취해야 하는지를 알게 되었다.

예술가의 삶은 물론 정치가, 과학자, 기업가 등의 삶을 통해서도 나는 내 삶의 바탕을 이루는 많은 부분을 취할 수 있었다. 심지어는 독재자이자 희대의 이단아인 히틀러나 이승만, 박정희의 전기류에서도 취할 게 있었다. 그들의 전기에선 무엇보다도 그들 내면에 숨어 있는 뒤틀린 욕망을 들여다보고, 나아가 겉으로 드러난 그들의 악행을 봄으로써 반면교사의 지혜를 얻은 것이다. 이런 이유로 다른 사람의 삶에 지속적인 관심을 가져야 한다.

그렇다고 이름난 사람들의 이야기에만 눈독을 들인 건 아니다. 내가 늘 흥미로워하며 관심을 가졌던 건 '그냥 사는' 사람이었다. 특히 잡지에 탐방 기사로 실린, 유명하지 않으나 자신의 삶을 열심히 살고 있는 사람들에게 관심이 많았다.

어떤 기준으로 보아도 '위인'이 아닌 '보통 사람'들. 그들은 절대로 나를 좌절하게 하지 않았다. 오히려 용기를 북돋아 주며 삶에 대한 열정을 불태우게 해 주었다. 결코 "부모처럼 안 살아!"라는 말이 나오게 하지 않았다. 그들은 되레 '그들처럼' 살고 싶게 해 주었다. 그들처럼 사는 건 자신에게 주어진 삶의 몫을 충실히 사는 것. 나는 내 몫의 삶을 열심히 살고 있다고 자부한다.

바람이 나를 살게 해 준 것도 아니고, 큰사람의 엄청난 업적이 나를 살게 해 주지도 않았다. 나는 그냥 그렇고 그런 사람들에게서 사는 법을 익혔다. 나의 가장 큰 스승은 이 세상의 모든 '사람'이다! 내게는 세상 사람들 모두가 다 '위인', 즉 '큰사람'이다.

나는 글 쓰는 사람이다. 이름 하여 작가. 작가를 직업으로 하여 산 지 사반세기. 그간 내 삶의 밑바탕을 이룬 것은 두말할 것 없이 먼저 산 사람들의 궤적이다. 그 궤적은 전기류로 통칭할 수 있는 저작물 속에 다 들어 있다. 또 '인터뷰'로 통칭하는 사람 탐방기에 다 들어 있다. 사람들의 열정적인 삶은 언제나 나의 본보기이다.

자신의 부모를 본보기로 삼는 아이들은 거의 없으므로, 어린이, 청소년 시기에는 특히 다른 삶을 들여다볼 기회가 많아야 한다. 그러자면 못 오를 나무 같은 위인전은 이제 그만 보여 줄 때이다. 자신에게 주어진 삶의 몫을 열심히 산 사람의 모습을 보여 주자. 그러면 저절로 아이들도 부모를 존경한다. 자신의 부모도 결코 남보다 못하지 않게 열심히 산 사람이라는 걸 느끼기 시작하는 것이다. 그러면서 아이들은 점차 성장해 간다. 진정한 어른이 되는 것이다. 그러기 위해선 부모가 자식의 본보기가 될 만큼 열심히 사는 존재여야 한다. 입으로는 끊임없이 잔소리를 하며 먹을 것과 입을 것을 잘 챙겨 주는 것만으로 부모의 역할을 다하는 게 아니다. 아이들의 본보기가 될 삶을 스스로 가꾸어야 한다.

어쨌든 자기 몫을 열심히 사는 사람이 아이들의 위인이 되어야 한다. 그런 사람이 아이들에게 진정한 위인이 될 때 우리 사회는 한층 더 성숙해지리라.

한 사람의 전체를 이루는 것은 한두 가지 요소가 아니다. 그가 살면서 맞닥뜨린 온갖 것들이 그 사람의 정체성이 된다. 자신이 무엇이 될지 아직 모르는 어린 인간들에겐 특히 다양한 인간의 모습을 보여 줄 필요가 있다.

다행스럽게도 요즘 전기류는 다양해졌다. 정치가나 기업가 일변도에서 벗어나 있다. 무척 고무적인 일이다. 인물을 다루는 방식도 다양해졌다. 그림

책부터 시작해서 전통적인 평전에 이르기까지 넓어졌다.

사르트르는 이런 말을 했다. "인간은 아무리 애를 써도 자기 자신이라는 고질병에서 벗어날 수 없지만 동시에 인간은 누구나 인간의 대표자다." 그렇다. 인간은 누구나 인간의 대표자이다! 인물이야기는 대표자인 바로 그 인간을 다룬다. 그러나 그가 가지고 있는 그만의 개성을 다룬다. 그 개성이 곧 그 사람의 고질병인지 모른다. 그럼에도 외면하지 않는다. 한 인간을 형성하는 건 장점만이 아니라 단점도 있다. 요즘 나오는 인물이야기는 그런 사항을 외면하지 않는다.

가정 내의 폭력, '개무시' 하고 있나요?

『개 같은 날은 없다』 이옥수 지음 | 비룡소

어쩌다가 '개'가 좋지 않은 것을 이르는 대표적인 말이 되었는지 모르겠다. '개' 자가 들어가는 말 치고 긍정적이거나 좋은 의미로 쓰인 게 별로 없다. 얼른 꼽아 봐도 열 손가락으로 세기에 벅차다. 개고생, 개망신, 개털, 개똥철학, 개꿈, 개떡, 개구멍, 개망나니, 개나발, 개차반, 개살구, 개꽃, 개새끼, 개소리, 개싸움, 개잡놈(년), 개죽음, 개판……. 여기에 요즘 청소년들 사이에 새로 생긴 말 '개무시'까지!

강연하러 가면 사회자가 내 고향 진도를 소개할 때 꼭 사람보다 개가 더 유명한 곳이라고 한다. 그러면 청중들은 다 알아듣는다. 일상에서 만나는 사람들도 고향이 진도라고 하면 "지금도 거기 개 많아요?" 하며 개 안부를 먼저 묻는다.

사실 진도에 사람이 사니까 개도 있다. 그런데도 개가 사람보다 더 유명하다. 그러면 거기 사는 사람이 개만도 못해서 그런 것일까? 어쩌면 그런지도 모른다. 그래서 나는 사람 입장에서 기회가 있을 때마다 사람보다 나은 개를 예찬했다. 이른바 '개장수'를 하는 것이다. 내 작품에서는 개의 역할이 뛰어나다. 사람인 작가로서 사람보다 뛰어난 개를 칭송하지 않을 수 없어 그

가족 내의 폭력이 서로에게 얼마나 많은 상처를 안기는지에 대해 이야기하며 해결 방법을 고민하게 한다.

렇게 한 것이다.

개가 사람보다 나은 경우를 하도 많이 보았기에 퇴행적인 사람을 개에 빗댄 얘기는 조금은 불편하다. 그런데 작가 이옥수는 아예 내놓고 '개 같은 날은 없다'고 말한다. 개 같은 날? 역시 좋지 않은 의미로 '개'를 썼다. 개만도 못한 사람의 이야기로, 작품에서 그려지는 개만도 못한 사람은 다름 아닌 아버지와 형이다.

이 작품은 가족 내에서 일어나는 폭력을 그리고 있다. 가족이라는 울타리 안은 어쩌면 울타리 밖인 사회보다 더 위험하다. 사회는 개인의 감성을 누르고 이성에 바탕을 두는 경우가 많지만, 가정은 감성을 훨씬 더 앞세운다. 가족 사이에 폭력이 일어나도 이성적인 성찰보다는 두루뭉술한 감정을 내세워 형제는 원래 싸우면서 큰다느니, 부모 자식 간에 그럴 수도 있다느니 하며 눌러둔다. 가정이라는 공동체를 유지하기 위해 육체적인 학대가 자행되어도 되레 쉬쉬한다.

『개 같은 날은 없다』는 아버지와 형의 폭력으로 시달리는 강민이 주인공이다. 강민은 아버지와 형의 폭력을 견디지 못하고 어느 날 그만 강아지 찡코를 죽이고 만다(죽였다고 생각한다). 시점은 교차되어 미나 씨의 이야기가 전개된다. 미나 씨 역시 어린 시절 오빠가 휘두른 폭력 때문에 기억상실증에 걸릴 정도로 상처를 입었다.

이 소설의 미덕은 가족 사이에 일어난 폭력도 대화와 소통을 통해 치유될 수 있다는 것을 보여 주는 점이다. 그런 대화와 소통이 가능하게 한 건 '개'이다. 개 같은 날을 견디는 영혼들의 상처를 치유하는 과정이 개와의 교감을 통해 이뤄진다는 것이 묘한 역설이기도 하다. 개들이야말로 개 같은 날을 보냈는데 말이다.

죽었다고 생각한 강아지가 살아 돌아오는 것과 형과 아버지와의 관계가 회복되는 점은 착한 결론을 내려는 작가의 강박인지도 모른다. 사실, 사람은 그리 쉽게 변하지 않는다. 그러기에 관계 회복이 쉽지 않을 텐데, 몇 년에 걸친 폭력을 너무 만만히 본 것이 아닌가 싶다. 하지만 독자로서 이런 결말에 안도의 한숨을 내쉬는 것도 사실이다. 개 같은 인생이 계속 이어진다면 얼마나 끔찍하겠는가.

　개가 나오는 청소년 소설에 『바르톨로메는 개가 아니다』(라헐 판 코에이 지음, 박종대 옮김, 사계절출판사)가 있다. 『개 같은 날은 없다』가 개만도 못한 사람의 얘기라면 이 소설은 개보다 나은 사람의 이야기이다. 이 작품은 벨라스케스의 그림 〈시녀들〉에 나오는 개의 모습에서 착상했다고 한다. 작가는 이 그림에서 소외당하지만 꿋꿋하게 자신의 삶을 살아가는 난쟁이 바르톨로메에게 눈길을 준다. 그림을 보면 난쟁이 소녀가 개를 지그시 밟고 있는데, 어떤 경우든 사람이 개보다는 우위에 있어야 한다는 얘기일 것이다. 그래서 작가는 사람 얘기를 썼단다. 개보다 '나은' 사람의 이야기를…….

 # 결핍이 결핍되어도 문제, 결핍이 과잉되어도 문제

『넌 아직 몰라도 돼』 신지영 지음 | 박건웅 그림 | 북멘토

"요즘 아이들의 가장 큰 문제는 무엇인가?"라는 질문을 받으면 나는 늘 "결핍이 결핍되어 있는 게 문제!"라고 대답한다. 요즘 아이들은 물질적으로 볼 때 부족한 게 없어 보인다. 그래서 더욱 문제이다. 초·중·고 할 것 없이 교실에서 분실물이 넘쳐 나는 건 찾아가는 아이가 없어서란다. 아이들은 "그까짓 것 다시 사면 그만이지." 하며 찾는 수고를 하지 않는단다.

이런 세상인데도 한편에선 끼니 걱정에 잠자리 걱정까지 해야 하는 아이들이 있다.

강·제·철·거·예·정·지·역

이제 막 한글 배운 동생이
문 위에 붙은 글자
또박또박 읽는다

틀리지 않고 읽어서
동생은 기분이 좋은가 보다

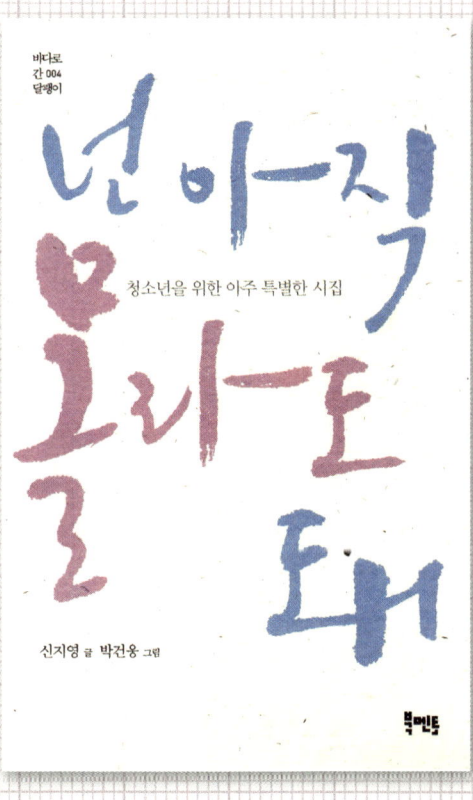

가난과 노동력 착취, 학교, 가정 폭력 등 여러 나라의 청소년들이 안고 있는 문제에 대해 다시금 생각해 볼 수 있는 시집이다.

동생 머리를 쓰다듬어 줬다
동생이 내 손을 잡더니 물었다

근데 저게 무슨 뜻이야?

— 「넌 아직 몰라도 돼」

  잠자리가 안정되지 않은 것도 먹는 것만큼이나 불안하다. 하필 동생이 글을 익혔다고 자랑스레 읽은 게 '강제철거예정지역'이라니!
  화자는 동생이 글을 뗀 건 칭찬할 만한 일로 여기지만, 글의 뜻을 알려 주려니 씁쓰레하기만 하다. 사실 말이지 자신은 그 뜻이 무슨 의미인지 '너무' 잘 알지만 동생에게는 그 뜻을 곧이곧대로 알려 줄 수 없다. 어린 동생은 아직 몰라도 되니까. 화자는 벌써 어른처럼 동생에게 이른다. 하지만 어린아이라고 영원히 그 뜻을 모를까. 어쩌면 이미 알고 있으면서도 짐짓 모른 체하며 물었는지도 모른다.
  지금은 노골적으로 드러내 놓고 그런 조사를 하지 않지만 얼마 전만 해도 "집에 자가용 있는 사람! 피아노 있는 사람! 아파트에 사는 사람!" 하며 학교에서 '가구 조사'를 했다. 이런 조사를 하면 아이들은 위축된다. 그래서 없는 것도 있다고 하며 거짓말도 하게 된다. '가구 조사'를 하지 않는다고 학교에서 지금 '장미꽃을 좋아하는 사람! 새를 좋아하는 사람! 산을 좋아하는 사람!' 같은 '취향 조사'를 하는 것도 아니다. 어디까지나 '조사'는 물질적인 것에 국한되어 있어야 하기 때문이다.
  청소년 시기 아이들은 '자존감'으로 산다. 그 자존감을 뭉개는 이는 어른들이다. 어른들의 동정심이나 연민도 아이에겐 자존감을 무너뜨리는 일로 작용한다.

> 오늘 우리 반 민희가 딸기 우유를 줬다
> 부모도 없는 불쌍한 애라고
> 자기네 엄마가 잘해 주라고 했단다
>
> (……)
>
> 세상에 부모 없는 애가 어딨어!
> 난 화내며 우유를 돌려줬다
>
> —「나도 있다」

'부모 없는 애니까 불쌍한 애'라고 엄마가 말했단다. 불쌍한 아이니까 우유를 준단다. 그러나 화자는 먹지 않았다. 우유를 준 아이는 나쁜 뜻이 없었을 것이다. 하지만 그 아이도 우유를 건네는 순간 우쭐한 기분에 젖었으리라.

세상 모든 일이 공평해야 하지만 특히나 먹는 일은 더 공평해야 한다. 필자가 어렸을 때엔 걸인이 집에 밥 얻어먹으러 와도 내치지 않았다. 내치지 않은 정도가 아니라 따로 상을 차려 주기도 하고 식구들 먹는 밥상에 숟가락 하나를 더 얹기도 했다. 어린 생각엔 '이렇게까지 할 필요가 있을까?' 하는 의아심이 들기도 했지만 어른이 되고 보니 알겠다. 그때 어른들이 자주 하던 "먹는 죄는 없다."라는 말의 의미를.

맞다. 얻어먹든 아니든, 부모가 있든 없든, 부모가 부자든 아니든 먹는 건 공평해야 한다. 그래야 먹는 이의 자존심이 안 상한다. 특히 아이들의 자존감이 다치지 않는다. 얼마 전 우리 사회에서 무상 급식을 하네 마네 하며 어른들이 아이들 먹는 것 가지고 한바탕 난리를 피운 적이 있다. 그때 어른들은 아이들의 자존감을 조금도 헤아려 보지 않았다.

 과거의 기억은 현재를 옭매는 족쇄

『빨간 목도리 3호』 한정영 지음 | 다른

흔히 기억은 자식에게 유전되지도 않고, 남과 공유하기도 힘들다고 말한다. 그만큼 자신만의 기억에서 자유로워지기 힘들다는 말이다. 기억은 한 사람의 일생을 쥐고 흔든다. 쥐고 있다 놓아 버릴 수도 있다. 그러나 좀체 놓아 주지는 않는다.

애써 잊으려 하면 할수록 더 달라붙는 기억. 좋은 기억은 좋은 까닭에 달라붙어 있고, 나쁜 기억은 나쁘기에 더욱 세게 붙어 있다. 떨쳐 내려 하면 할수록 도리어 나쁜 기억은 더욱 강하게 달라붙는다. 그러면서 기억은 자신 속에서 재구성된다. 어쩌면 강화되는지도 모른다.

『빨간 목도리 3호』는 기억의 문제를 다룬다. 좋지 않은 학창 시절의 일 때문에, 그 일을 기억하는 것만으로도 끔찍하기에 평생을(이제 막 마흔을 넘겼지만 그에게는 평생!) 망쳐 버린, 아니 망치고 있는 사내 'K'와 K의 과거 모습을 현재에 재현하는 '빨간 목도리 3호'의 이야기이다.

얼핏 보면 빨간 목도리 3호가 당하는 따돌림, 그리고 그 아이를 보호해 주지 못하는 어른 K의 이야기로 볼 수도 있다. 하지만 그랬다면 요즘 학생들의 따돌림, 이른바 '왕따'라는 학교 폭력 문제를 고발한 작품에 그쳤을지 모른

왕따라는 문제를 폭로하는 것에 그치지 않고, 피해자가 입은 상처를 치유할 수 있는지에 대해 깊이 고민한다.

다. 왕따 문제를 고발한 게 나쁜 작품은 아니지만 고발 자체가 작품이 되지는 않는다. 작가만의 독특한 구성과 묘사가 어우러지면서 그 작품만의 향기가 나야 한다.

『빨간 목도리 3호』는 그렇게 단순하지 않다. 직선적인 구성의 고발 문학과는 다르다. 빨간 목도리 3호로 지칭되는 학생에게서 K의 모습을 읽어 냄으로써 소설은 매우 설득력 있는 '현재성'을 갖춘다.

오로지 예쁘장하게 생겼다는 이유로 학창 시절 내내 집단 괴롭힘의 대상이 되어야 했던 K. 그래서 그의 별명은 순정 만화 주인공인 캔디. 그는 단지 재수가 없었다. 운이 없었다. 빨간 목도리 3호도 마찬가지이다. 운이 지지리도 없었다. 그런 까닭에 3호가 되어야 했다. 폭력의 대상을 찾고 있던 그들에게, 하필 그때 그 자리에 있었기에, 1호도 없고 2호도 없으니, 3호가 되어야 했다. 그뿐이다. 모든 폭력에는 이유가 없다. 오로지 폭력을 휘두르는 자들의 '이유 같지 않은 이유', '말 같지 않은 말'이 있을 뿐이다.

낯선 곳에서 책방을 하며 새로운 출발을 하려는 K. 그 앞에 예전에 자신을 괴롭혔던, 가해자 놈들과 한패였던 '저팔계'가 나타난다. 저팔계는 책방 가까운 곳에서 정육점을 한다. 그는 스스럼없이 K를 캔디라 부르며 자잘한 착취를(저팔계에겐 착취가 아닐 수도 있다. 그에겐 아주 자연스럽고 일상적인 일이었는지도.) 한다. K는 다시 캔디로 불리며, 온갖 착취 속에서 학창 시절의 기억인 '셔틀'을 떠올린다. 저팔계는 그를 다시 기억의 저편으로 가게 한다. 그때 빨간 목도리 3호가 나타난 것이다. 둘은 의기투합하여 가해자이면서 가해자인지 전혀 의식하지 않는 이들에게 복수하고자 한다. 둘의 복수는 자기 안에 있던(있는) 상처를 치료하는 과정이다. 재수가 없었을 뿐이라는 체념에서 벗어나고자 하는 피해자들의 복수.

과거의 기억은 늘 현재를 옭매는 족쇄로 작용한다. 그 족쇄에서 벗어나는 가장 빠른 길은 가해자가 참회하며 개과천선하는 일이다. 그러나 그런 일은 나무에서 물고기를 구하는 만큼이나 어려운 일이다. 좀체 그런 일은 일어나지 않는다. 세월이 아무리 흘러도 가해자는 '장난'으로 그랬고, 심지어 자신은 그런 일을 "하지 않았다."라고 한다. 바로 기억의 재구성이다. 그렇다면 피해자가 복수하는 방법밖에 없다. 복수의 방법엔 눈에는 눈, 이에는 이와 같은 직접적인 응징도 필요하지만, 결국은 스스로 서야 한다. 스스로 치유해야 한다. 국가도 학교도 선생도 도와주지 않는다. 스스로 강해져야 살아남는 현실이 슬프기만 하다.

 # 구멍에 빠지다, 늪에 빠지다

『맨홀』 박지리 지음 | 사계절출판사

욕하면서 배운다. 참 절묘한 말이다. 주로 미운 시어머니를 모시고 사는 며느리가 '나중에 나는 저런 시어머니가 되지 않겠다.'고 다짐하지만, 자신이 시어머니가 되자 더하면 더했지 덜하지 않았다는 씁쓸레한 이야기……. 군대에서도 신참은 자신을 괴롭히는 고참을 두고 자신은 나중에 저러지 않으려 하지만, 나중엔 "우리는 예전에 이보다 더 했어!" 하면서 역시 신참을 괴롭히는 고참이 된다.

『맨홀』의 주인공이 딱 그 짝이다. 주인공은 아빠만 없으면 집안이 평화로우리라 생각한다. 소방관인 아빠는 가정 폭력을 일삼고 엄마는 아빠의 폭력을 묵묵히 받아 낸다.

누나와 '나'는 어려서부터 아빠가 낮에 전화를 걸어오면 엄마의 일상을 일일이 '보고'해야 한다. 엄마의 동선에 대한 '나'와 누나의 보고가 조금이라도 어긋나면 엄마는 저녁에 아빠의 말 같지 않은 폭력에 시달려야 한다. 아빠는 폭력을 휘두르기 위해 트집을 잡는다. 트집거리가 없어도 폭력을 휘두르지만…….

좀 더 자라 고교생이 된 '나'. 그런데 돌연 아빠가 세상을 떠난다. 아빠는

가정 폭력을 겪은 소년이 열아홉의 나이에 살인자가 되어
버린 이야기이다.

화재 현장에서 열여섯 명의 목숨을 구한 뒤 목숨을 잃는다. 그 까닭에 '영웅 소방관'이 된다. 아빠에게 복수할 기회를 놓친 '나'. 오히려 아빠의 영웅적인 행위에 누가 되는 행동을 해선 안 되는 영웅 소방관의 아들이 되고 만다. 삶은 참 부조리하다. 삶이란 알 수 없다.

'나'는 아빠를 악인으로 규정한다. 하지만 아빠는 영웅적으로 죽음으로써 '나'가 생각하는 이상으로 고귀한 대접을 받는다. 그러면 안 된다! '나'는 자꾸만 비꾸러진다.

누나는 연극을 핑계 삼아 집을 나갔지만 아빠가 죽고 없자 다시 집으로 돌아온다. 그러나 옛날의 누나가 아니다. 아빠를 같이 증오하며 죽이고 싶어 하던 누나가 아니다. 되레 아빠를 이해한다. 엄마는 아빠의 무자비한 폭력에 시달렸으면서도 아빠의 부재를 즐거워하지 않는다. '나'는 그런 상황을 도대체 이해할 수 없다. 어이없는 일이다.

'나'는 어쩌다가 동남아 노동자를 죽이는 지경까지 이른다. 주검은 누나와 '나'가 어려서 아빠를 피해 놀던 맨홀에 감춘다.

맨홀은 모든 걸 빨아들이지만 뚜껑을 덮어 버림으로써 아무렇지 않은 듯이 보이게 하는 구멍이다. 구멍은 늪이다. 맨홀은 남매의 피난처이자 '나'의 삶을 바꿔 버린 구멍이기도 하다. 도처에 구멍이 존재한다. 구멍을 잘 피해 살기란 어려운 일이다.

이런저런 과정을 거쳐 '나'는 청소년 보호 관찰소에서 지낸다. 소설은 관찰소에서 지내는 현재의 '나'와 과거의 '나'가 씨줄 날줄로 엮여 있다. 이야기를 이해하는 데 그리 친절한 소설은 아니다.

생명과 책임감의 상징으로 강아지 얘기가 곁들여지지만 그다지 중요하진 않은 것 같다. 하지만 문제 부모 밑에 문제 자식이 있다는 건 확실히 알게 한다. 부모가 폭력적이면 자식도 나중에 폭력적인 어른이 될 수밖에 없다.

엄마는 아빠를 무서워했지만 이젠 '나'를 대하는 것이 무섭다. 관찰소에서 돌아온 '나'를 두고 엄마는 이렇게 절규한다.

"엄마는 니가 무섭다……. 내 아들이 사람을 죽였다는 게, 아무리 마음을 다스리려고 해도…… 니 얼굴만 봐도 겁이 나고 무서워."

엄마는 '나'의 얼굴에서 아빠의 얼굴을 보았는지도 모른다. '나'만 그 사실을 모르는 건지도. 그래서 재판 이후 누나도 그렇게 냉랭했으리라. '나'는 어느새 미운 시어머니, 괴롭히는 고참이 되어 있다.

눈치챘겠지만 '나'는 이름이 없다. 이름이 없다는 것은 누구든 '나'가 될 수 있다는 얘기이다.

내 안에 숨어 있는 진짜 나

『나』 이경화 지음 | 바람의아이들

왜 세상의 사람은 기껏해야 남자 아니면 여자로 분류될까? 남자 안에 들어 있는 남자와 여자, 여자 안에 들어 있는 여자와 남자도 있지 않을까? 그러나 세상을 구성하는 사람은 겉모습으로 구분할 수 있는 남자와 여자뿐이어야 한다.

이 세상은 남자 아니면 여자로 구성되어야 한다고 믿는 사람들은 어떤 사람들일까? 그들도 걸핏하면 '꽃미남'을 들먹임으로써 남자의 여성성을 부러워하고, '여장부'를 치켜세우며 여자의 남성성을 칭찬하기도 한다. 그러나 그뿐이다. 막상 자신의 자식이, 아니 자신이 그런 소리를 들으면 '남자답지 못하고', '여자답지 못하다'는 소리로 여긴다. 나아가 요즘 말로 '재수 없다'고 생각하는 이들도 있다.

주변에 나이 든 사람들이 흔히 하는 이야기가 있다. 형제들이 모두 사내애들이라 딸을 기대했던 부모가 학교 들어갈 때까지 치마 같은 여자애 옷을 입혀 키웠다. 그래서 여자애들 놀이인 '고무줄놀이'나 '공기받기', '주머니 던지기' 등을 하면서 컸다. 그런가하면 이런 얘기와 반대되는 경우도 있다. 위

성 소수자의 사회적 현실과 성장기 청소년이 자신의 정체성을 찾아가는 과정을 섬세한 문체로 그려 낸다.

로 모두 언니들, 즉 여자애뿐이어서 바로 위 언니는 동생으로 사내아이를 두라는 의미로 이름이 후남(後男, 너 다음엔 사내아이!)이고 자신은 금안(今安, 이제 딸 그만 낳고 편해지자!)이라는 이름을 얻었고 학교 다닐 때까지 바지만 입고 서서 오줌 누는 연습을 했다고……. 남존여비에 따른 남아선호사상이 극에 달했던 때의 이야기이다. 그래서 하나만 낳아서 잘 키우자는 옛날 정부의 홍보 포스터엔 "그놈의 고추 하나 때문에!"라는 웃지 못할 문구가 등장하기도 했다. 그러면서 딸 낳은 사람은 비행기를 탄다고 부추겼다. 지금이야 자연스레 딸을 못 낳은 사람이 기죽는 세상이 되었다. 아들은 딸만큼 섬세하지도 않고 부모를 잘 챙기지도 않는다.

사람들은 자신과 다른 것을 참지 못한다. 다른 것은 곧 틀린 것이라 여긴다. 전부 같아지기를, 비슷해지기를 바란다. 비슷한 것은 가짜라 해도 그럴까? 그래도 상관없다. 우리 사회에선 비슷해야 그나마 일반적이라고 여긴다. 비슷하지 않으면 '틀린' 것이다.

사람들은 흔히 '정체를 밝히라'고 요구한다. 정체를 밝히라니? 종북이니 뭐니 하는 말을 아무 데나 들이대면서 나라꼴을 구한말이나 조선 시대 때 난리가 일어났던 임진년이나 정유년 때와 '비슷하게' 몰아가고 있는 이들이야말로 정체를 밝혀야 한다. 그들의 정체는 무엇일까? 매국을 애국으로 위장하고, 국민을 적으로 대하는 그들의 정체는 무엇일까? 사람들은 위험하기 짝이 없는 그런 사람들의 정체에 대해선 묻지 않으면서 전혀 위험하지 않은 성 소수자의 정체는 밝히려 든다.

이경화의 소설 『나』는 고등학생인 남자아이가 자신의 성 정체성을 찾아가는 이야기이다. 고등학생이면 대학 입시에 주눅 들기도 하지만, 우정이니 애정이니 하는 문제에 나름 들뜨는 나이이기도 하다. 그런데 등장인물 '현'은 그런 재미를 전혀 누리지 못한다. 권위적이고 폭력적인 아버지, 아버지의 아이를 가진 상태로 이혼을 하는 엄마, 떨어지는 학교 성적, 친구들과의 관계. 현은 그런 것만으로도 머리가 지끈지끈 아프다. 그런데 정작 자신을 짓누르는 것은 자신의 성 정체성이다. 아무도 있는 그대로 받아 주지 않는다. 아버지는 '계집애' 같은 자신의 행동이나 말투에 대해 더 폭력적이다. 엄마는 현의 성 정체성을 일찌감치 알았지만 차마 아들에게 말하지 못한다. 이 땅에서 동성애자로 살아간다는 게 얼마나 어려운 일인지 알기 때문이다. 그래서 엄마와 아들의 대화는 겉돌기 마련이다. 하지만 엄마는 아기를 가짐으로써 생명의 소중함을 다시 느낀다. 아들 역시 생명이다. 생명을 가진 존재로 느끼니 아들이 더 귀하다. 어떠한 어려움이 따르더라도 자식은 자식이다. 엄마는 마침내 아들을 목숨을 가진 보통 사람으로 인정한다. 동성애자로 살아가려면 고통이 따르겠지만 고통은 살아 있다는 증거이기도 하다.

　주인공인 현은 이성애자인 여자 친구 여진에게 처음으로 자신의 성 정체성에 대한 '커밍아웃'을 한다. 여진에겐 그게 하나도 이상하지 않다. "그렇다면 다른 여자와 현이 사귈 일은 없겠군."이라고 한다. 성 정체성, 요즘 아이들에게 별스런 일이 아니다. 괜히 어른들이 호들갑이다!

누구든 괴물이 될 수 있다

『괴물 선이』 박정애 지음 | 한겨레틴틴

　대한민국엔 지금 온갖 괴물이 거리를 배회하고 있다. 정부, 정당, 국회, 기업, 학교 할 것 없이 그 안의 구성원들 대부분이 괴물이다. 어쩌면 그런 조직 자체가 괴물이 되어 버렸는지도 모른다. 그래서 처음엔 괴물이 아니었던 이들도 조직에 들어가면 다들 괴물이 되고 만다. 이는 이미 몸속에 괴물이 자라고 있었다는 얘기이기도 하다. 다만 그런 조직에 들어갈 계기가 마련되면서 잠자고 있던 괴물이 잠에서 깨어 튀어나왔는지도 모를 일이다.
　욕하면서 닮는다는 말이 있듯이 괴물이 아닌 사람도 괴물을 보며 괴물이 되어 가고 있다. 국가 정체성 내지는 국기를 흔드는 괴물들의 온갖 추문과 그걸 부추기는 또 다른 괴물들의 눈물겨운(?) 신공들을 보라. 자고 나면 괴물들의 활약상이 신문, 방송, 인터넷에 뜬다. 시민들은 그런 괴물을 욕하면서도 스스로 괴물이 되어 가고 있는 줄은 모른다.
　괴물이라고 해서 그 생김이 특별히 무섭거나 기괴하지는 않다. 그들 역시 '보통 사람'의 모습을 하고 있다. 그러나 하는 짓은 사람이라면 할 수 없는 일이다. 그러니 괴물이라고 할 수밖에 없다.
　『괴물 선이』는 속내와 상관없이, 단순히 겉모습이 달라 괴물 취급을 받는

스스로를 '괴물'로 여기는 선이와 '괴물'이라는 오해와 싸우는 동강의 수호신 용이가 자신의 운명을 받아들이고 앞으로 나아가는 모습을 담은 성장 모험담이다.

'청춘 사람'의 얘기다. 생김에 따른 미적 판단 기준은 시대에 따라 다른가 보다. 지금 같으면 '선이'는 웬만한 영화배우 뺨치게 생긴 팔등신 미인이라 할 만하다. 그러나 시대는 구한말. 그 시대엔 덩치가 너무 크고, 성깔도 만만치 않고, 가진 돈이 없는 것만으로도 '괴물' 취급을 당해야 한다. 게다가 남녀추니(남자와 여자의 생식기를 둘 다 가지고 있는 사람)인 듯한 남모르는 신체의 비밀은 성 정체성 문제까지 야기시킨다. 그러나 그것도 그냥 '다름'이다. 그러나 그 다름은 차별을 낳는다. 친엄마조차 다름을 받아들이지 못하고 다른 자식과 차별을 한다.

『괴물 선이』는 그 다름에 저항하는 한 소녀의 이야기이다. 그러나 그 소녀도 자신의 다름에 정면으로 부딪치지는 못한다. 다만 남과 다른 외모를 활용할 뿐이다. 즉 남자처럼 기골이 장대하고 힘이 센 걸 이용하는 것이다.

단지 생김이 남과 다르다 하여 차별을 받는 게 정당한가? 더구나 지금 기준으로 보면 되레 멋진 사람 대우를 받을 수도 있다. 그렇다면 그 아이는 단지 시대를 잘못 타고난 것인가? 생김에 따른 미인의 호오는 시대에 따라 얼마든지 달라질 수 있다. 그러나 마음속 성정은 그렇지 않다. 마음이 괴물인 사람은 예전에도 있었고 지금도 있다. 진짜 괴물은 마음이 울퉁불퉁한 자들이다. 그런 괴물은 자신의 몰락에만 그치지 않고 그가 속한 공동체의 몰락도 함께 가져온다. 지금 대한민국 거리를 배회하고 있는 괴물들이 모두 그렇다. 그들이 부정 선거를 하든 말든, 얼토당토않은 말로 상처에 소금을 뿌리든 말든 대부분의 시민들은 모르쇠로 일관하며 애써 왼고개를 젓는다. 그러면 그런 모르쇠에 편승한 괴물들은 더욱 신이 난다.

『괴물 선이』는 이른바 '성공'을 한다. 특별한 외모 덕분에 남장을 할 수 있고, 경복궁에 부역 간 아버지를 만나고, 위험에 빠진 가정을 구함으로써 마침내 성공을 하고 만다. 전형적인 옛이야기 방식이다. 그런데 왜 옛이야기는 모두 딸아이를 희생시켜 집안을, 목숨을 살리는가.『괴물 선이』는『바리

데기』,『심청전』에 이어 딸자식의 '아비 구하기' 이야기이다. 아비를 구함으로써 자신도 같이 구한다. 이야기의 '성공'을 위해 용꿈이 나오고 '용'이름을 가진 이무기가 도와주고 험한 강을 뗏목을 타고 건너 무사히 한양으로 입성한다. 전형적인 성공담이다. 그러나 작가의 입담을 따라가다 보면 어느새 마지막 장이다. 이야기꾼 업계의 공공연한 비밀 가운데에 "독자의 기대는 저버리지 말되 예상은 깨라."는 이야기 원리가 있다. 그래서 그랬는지 예상을 깨는 삽화가 많이 들어갔다. 그러나 이런 삽화는 독자의 기대를 저버리지 않고 안도하게 하는 데 기여한다.

당신의 눈 속에 내가 있고

『하늘을 달린다』 이상권 지음 | 자음과모음

'눈부처'라는 말을 들어 보았는가? 절집에선 늘 쓰는 말이지만 절 밖의 사람들은 잘 들어 보지 못했을 것이다. 나를 바라보는 상대방의 눈동자에 비친 내 모습을 이르는 말로, '동자부처'라고도 한다. 상대방의 처지에 공감을 하여 연민을 갖거나 연대를 하는 세상일이, 사실은 상대방 눈 속에 비친 내 모습일 수도 있다.

이상권의 작품을 보는데 눈부처라는 말이 떠오른 건 그가 사람의 눈 속에만 머물지 않고 동물의 눈 속에서도 자기 모습을, 아니 사람의 형상을 떠올리기 때문이다.

이상권은 자타가 공인하는 생태 작가이다. 소설에서 동화에 이르기까지 그는 동식물의 생태와 자연환경을 즐겨 다룬다. 어찌 보면 거의 모든 작품이 그 범주에서 벗어나지 않는다고도 할 수 있다. 이상권은 동식물 자체의 정보만을 다루거나 그들의 생태 정보에만 머무는 게 아니라 그들의 삶도 결국 사람살이와 다르지 않다는 것을 소설이나 동화를 통해 보여 준다. 그렇게 말할 수 있는 건 그가 이야기 속에 동물이나 식물을 다루더라도 결국 사람 이야기인 까닭이리라.

나와 가족을 지키기 위해 경계하고 격렬하게 싸워야 하는 자연 상태에 처한 새들의 삶을 보여 준다.

『하늘로 날아간 집오리』(자음과모음), 『고양이가 기른 다람쥐』(자음과모음)는 제목에서 알 수 있듯이 동물 이야기가 주를 이룬다. 반면『발차기』(시공사)나『성인식』(자음과모음) 같은 작품은 사람 이야기가 주를 이룬다. 그러나 그의 이야기를 읽다 보면 동물이나 사람이나 구분이 잘 안 간다. 나만 그렇게 느끼지는 않을 것이다. 굳이 구분할 필요도 없지만······.

『하늘을 달린다』는 '하늘눈'이라는 멋진 이름을 가진 딱새 이야기이다. 하늘눈은 암컷으로, 눈이 하늘처럼 맑다. 하늘눈은 수컷 딱새 '번개부리'를 만나 알을 낳는다. 그러나 딱새 부부의 삶은 결코 만만치 않다. 알을 노리고 둥지를 쳐들어오는 다른 동물들이 너무 많아서이다. 나아가 자연은 모진 비바람을 퍼부어 알을 흔적도 없이 사라지게 하고, 매의 습격이 이어져 수컷 번개부리마저 세상을 떠난다.

하늘눈은 이 대목에서 좌절한다. 그러나 다른 수컷 딱새가 찾아온다. 작가는 이 딱새에게 '노을소리'라는 이름을 붙여 준다. 하늘눈은 노을소리를 통해 위안을 얻고 다시 알을 낳아 부화시킨다. 그러나 알을 깨고 세상에 나온 새끼 딱새들의 운명도 호락호락하지 않다. 하늘눈은 새끼들을 또 다 잃고 만다. 참으로 박복한 일이다. 그럼에도 하늘눈은 자식을 다 떠나보낸 어느 할머니의 털신에 새 둥지를 또 튼다. 목숨이 붙어 있는 한 삶을 멈출 수 없어 지칠 줄 모르고 하늘눈은 또 살아간다.

인간의 삶도 이와 같지 않을까? 넘어지고 자빠져도 다시 일어서서 살아가야 하는 목숨들. 우리는 모두 그 목숨을 산다. 동물이고 사람이고 다 마찬가지이다. 살아 있는 한 살아가야 하는 것이 곧 목숨 가진 것들의 운명이다.

동물을 통해 작가는 '네가 있어 내가 있는' 이치를 깨닫는다. 말로야 사람이 곧 하늘이고, 하늘님이 하느님도 되지만, 작가에겐 동물과 식물이, 세상 모든 것이 다 하늘이다.

예전에 '애플 시스터즈'라는 가수가 부른 노래에 "당신의 눈 속에 내가 있고 내 눈 속에 당신이 있을 때 우리 서로가 행복했노라"라는 가사가 있었다. 그런데 두 연인은 지금 서로 같이 있지 못해, 눈을 마주치지 못해 행복하지 않다고 한다. 이상권은 동물 눈 속에 자신의 모습이 비칠 때 행복해한다. 동물도 자신을 보고 있다는 증거이므로……. 그래서 생명 있는 모든 것을 사람과 똑같이 여기는 절집에서 눈부처라는 말을 즐겨 쓰는지도 모르겠다.

# 되고 싶은 것도, 하고 싶은 것도 없어!

『열다섯, 문을 여는 시간』 노경실 지음 | 탐

　사람을 제외한 다른 동물은 어떤지 모르지만, 사람은 슬퍼도 눈물을 흘리고 기뻐도 눈물을 흘린다. 그런데 슬프면 왜 눈물이 나오는 걸까? 기쁠 때 나오는 눈물과는 어떻게 다를까? 이는 슬픔도 기쁨도 뿌리가 같아서 그런 것 아닐까?

　이상야릇한 웃음을 짓는 그림〈모나리자〉. 르네상스 시대의 거장이라 일컬어지는 이탈리아 화가 레오나르도 다빈치의 대표작이다. 그 그림의 주인공도 8할은 행복하고 2할은 슬픈 웃음을 머금고 있단다.

　내 보기에 그림 속의 모나리자는 그냥 웃음만 짓는 것 같은데 연구자들의 견해는 다르다. 연구자들에 따르면 기쁜 감정 속에도 슬픈 감정이 들어 있어야 진정으로 행복하단다. 그래서 그림도 그렇게 그렸단다. 맞는 말인 것 같다. 과유불급(過猶不及)이라고 뭐든 지나치면 부족한 것만 못한 법! 조금은 부족하고 결핍을 느껴야 행복하리! 막무가내로 웃음 지을 일만 있다고 행복한 건 절대 아니다.

　노경실의『열다섯, 문을 여는 시간』은 겉으로는 웃고 있는 듯이 보이지만 속으로는 울고 있는 아이들의 이야기이다. 이 소설에는 특별한 '엄친아'도

청소년 우울증, 특히 본격적인 입시 스트레스에 시달리는 열다섯 살에 주목해 이들이 제 삶의 뿌리도 내리기 전에 성공과 출세로 내몰리는 현실을 보여 준다.

안 나온다. 그렇다고 집안일이 온통 문젯거리여서 이른바 '탈선'을 하는 아이도 안 나온다. 그런데도 문제이다. 문제가 없어서 오히려 문제이다!

모두 평범한 외모와, 재주와, 가정을 가졌다. 그래서 겉으론 아무 문제가 없는 성싶다. 그런데 소설은 문제적 인물을 다룬다. 작가는 문제가 없어 보이는 듯한 게 되레 문제라고 느낀 듯하다. 그래서 소설의 소재로 삼았을 것이다.

『열다섯, 문을 여는 시간』은 같은 학교를 다니는 세 친구 얘기이다. 이름하여 단짝. 그들은 일상을 함께 나눈다. 심한 장난도 같이 친다. 그러면서 한 시절을 살아 낸다.

나름대로 성장통을 겪으며 잘 자라고 있다고 믿는 그들 사이에 그늘이 드리워진다. 세 친구 가운데 한 명인 태수의 마음에 금이 간 것이다. 웃고 있어도 눈물이 나는 상황! 아무도 태수의 속을 몰랐다. 태수도 겉으로는 태연하게 지냈다. 그런데 태수의 속에 자리하고 있던 우울증. 그 또래는 우울해도 안 된다. 명랑, 유쾌한 게 그 나잇대의 속성이다. 이는 어른들이 덧씌운 '양육용' 지침이다. 어리다고 마음이 아프지 않을 리 있을까? 아이들은 마음이 아프면 안 된다. 언제고, 무슨 일이 있어도 깔깔거리고 유쾌한 마음을 가지고 있어야 한다. 그게 아이답단다. 아픔은 어른들의 몫이다.

태수를 다시 그늘 밖으로 끌어낸 것은 친구이다. 그리고 부모이다. 친구가 같이 아파해 주고, 부모가 같이 아파해 줄 때 아이들은 자존감을 갖추게 된다. 물론 믿고 기다려 주는 일이 쉽지는 않다. 그러나 아픈 부위를 같이 들여다봐 주는 친구가 필요하다. 그들은 공감할 수 있다. 사실은 자신도 아프기 때문이다. 다음으로 부모인 어른의 기다림이 필요하다. 기실은 자신도 그만한 나이일 때 무척 아팠다. 그러나 제대로 치유하지 않고 어른이 되어 버렸다. 옛날에도 아이들은 아프면 안 되었으니까.

세 친구가 다시 세상 속으로 나가는 장면이 매우 상징적이다. 비가 세차

게 내리는 날, 그들은 집 밖으로 뛰쳐나간다. 그들은 어디로 갈지 모른다. 예전에 농담처럼 말한 '해적'이 꼭 되어야 하는 건 아니다. 일단 집 밖으로 나가고 본다. 뭐가 돼도 될 것이다. 하지만 어른은 늘 불안하고 뭔가 방패가 있어야 안심이 된다. 그들이 비를 맞으며 집 밖으로 나가려 하자 태수 엄마가 외친다. "애들아, 우산 갖고 가야지, 감기 걸려!" 아이들은 태수 엄마의 걱정 어린 외침도 못 들은 척하고 가 버린다. 마침내 아이들이 세상 속으로 걸어 들어간다.

 못 다 핀 꽃 한 송이 피우리라

『순비기꽃 언덕에서』 서순희 지음 | 문학과지성사

서른 해쯤 전인 1980년대 초, 김수철이라는 가수가 부른 노래에 "못 다 핀 꽃 한 송이 피우리라"라는 가사가 있었다. 여느 대중가요와 마찬가지로 이 노래도 사랑의 아쉬움을 노래했다. 그런데 이 책을 읽는 내내 그 노래가 떠오른 건 어인 일일까? 좋은 시가 그렇듯이 노랫말도 듣는 사람의 상황에 따라 여러 가지로 해석할 수 있으면 좋은 노랫말이라고 생각한다.

지체 부자유와 국토의 유린과 훼손. 작가는 둘 다 같은 장애로 여겼다. 어린 시절 작가는 제대로 걷지 못했다. 하지만 마을에서 일어나는 일을 죄다 꿰고 있었다. 작가를 둘러싸고 있는 가족과 마을 사람들 모두 자기가 서 있는 자리에서 자신이 처한 상황대로 행동하고 말했기 때문이다. 작가는 그 점을 세세히 기억했다. 돌아다니지 못하기에 되레 온갖 마을의 '정보'에 더 집중할 수 있었다. 그래서 더 잘 되새길 수 있었다.

예나 지금이나 성한 사람은 성치 못한 사람을 업신여긴다. 작품의 시간적 배경인 예전 그때에 하소연하고 싶은 보통 사람들은 자신들의 말을 성치 못한 사람에게 쏟아 냄으로써 가까스로 존재했다(존재한다고 믿었다). 그렇다면 오히려 그들이 성치 못한 사람들인 것이다.

어느 날 작가의 고향 바닷가 마을에 근대화니 개발이니 하는 미명 아래,

바닷가 수청구지와 그곳에서 살아가는 사람들을 소아마비로 인해 걷지 못하는 열여섯 살 봉희의 눈으로 바라본다.

처음 겪는 바람이 몰아닥쳤다. 사실 그것은 광풍, 미친바람이었다. 어떤 바람이든, 바람 아래에서 사람들은 어찌할 줄 몰랐다. 그러기에 대부분의 마을 사람들은 미친바람 아래에서 터전을 잃고 좌절해야 했다. 그런데 그 북새통 속에서도 어디에 줄을 서야 하는지를 아는 사람은 있었다. 어찌 보면 그들도 자신의 생존을 위해 그럴 수밖에 없었을 것이다. 그래서 작가는 그들을 나무라지 않는다. 바닷가에서 싹을 틔워 모진 비바람을 다 맞으면서도 끝내 꽃을 피우고 마는 순비기꽃! 작가는 자기 자신은 물론 마을 사람들 모두 순비기꽃이라 여겼다. 순비기꽃은 아주 낮은 자세를 하고 있다. 마을 사람들도 모두 순비기꽃처럼 낮은 자세를 취하고 있다. 작가의 분신인 '봉희'는 그중에서도 더욱 낮은 자세로 앉아 있다. 하지만 세상 돌아가는 웬만한 이치는 다 안다. 그래서 자신의 꿈을 위해 열심히 손을 놀려 수를 놓는다.

그때나 지금이나 나라는 개발이라는 명목으로 사람들의 터전을 뭉갠다. 그 개발에 덩달아 춤을 추는 사람도 있고, 터전을 잃는 걸 죽음으로 여기는 사람도 있다. 하지만 터전을 잃는 걸 자기 존재가 없어지는 것으로 여기는 사람이 훨씬 더 많다. 그런데도 나라는 얼마 안 되는 추종자를 터전의 전체 대표자로 본다. 21세기에 제주 강정과 서울 용산에서 일어나는 일을 보아도 알 수 있다. 20세기 때 나라에서 써먹은 방법과 별로 달라지지 않았다.

『순비기꽃 언덕에서』는 세기가 바뀌어도 다르지 않은 나라의 행태를 보여 준다. 마을이 잘살게 된다는 근대화의 명목 아래, 사람들이 두 패로 나뉘는 걸 안타까워한 봉희는 언니에게 땅이나 사람이나 모두 아프다고 편지를 보낸다.

훼손된 땅, 그것도 장애이다. 몸 움직임이 성치 않은 소녀, 성한 몸이지만 개발의 삽날이 마구 들어와 박혀 상처투성이가 되고 만 땅. 봉희에겐 둘 다 똑같은 장애이다. 봉희는 자라면서 장애를 떨쳐 냈다. 땅도 장애를 떨쳐 낼 수 있을까? 그리하여 마침내 못 다 핀 꽃 한 송이를 피울 수 있을까?

문학이란 무엇인가?

『날짜변경선』 전삼혜 지음 | 문학동네

문학이란 무엇일까? 이 질문에 명쾌하게 대답할 사람이 몇이나 될까? 모르긴 몰라도 문학의 일반적인 정의에서부터, 질문을 듣는 사람 자신만의 독특한 체험에 입각한 특수한 정의를 들먹일 것이다. 삶에 대해서 저마다 다르게 느끼듯이 문학에 대해서 백이면 백 저마다 그럴싸한 정의를 갖다 붙일 수 있다. 확실한 건 문학도 삶의 일부분이라는 것이다. 그렇기에 개개인 각자가 처한 상황에 따라 문학도 다양하게 정의할 수 있는 것이다.

필자는 글을 '쓰는' 사람이지만 팔자에 없는(팔자에 있었나?) 문예창작과 훈장 노릇을 열대여섯 해 넘게 한 바 있다. 문예창작과 훈장은 글을 '가르쳐야' 한다. 그때 문학 작품을 쓰는 것보다 가르치는 일이 더 어렵다는 것을 느꼈다.

왜 그렇게 느꼈을까? 그건 오랫동안 작품 활동을 해 온 선생과 이제 막 문학의 길에 들어선 학생들이 생각하는 문학의 의미가 조금 달랐기 때문이다. 나는 문학을 가르치는 자리에서 '이렇게' 정의하는데, 학생들은 저마다 처한 상황에 따라 문학을 '저렇게' 정의했다. 선생은 문학의 고전적인 측면을 들먹였을 테고 학생들은 문학의 실용적인 면을 들먹였다.

문학 소년, 소녀 들이 백일장을 다니면서 서로 관계 맺는 법을 배워 가고, 꿈과 진학에 대해 고민하는 모습을 담았다.

소설가 한창훈은 어떤 글에서 글쓰기를 '무릎에 난 상처를 가지고 노는 일'이라고 했다. 그의 옛 은사가 "상처는 아프고 가렵지만 결국은 낫는다."라고 말씀하셨단다. 이 말에 고개를 끄덕인 작가는 혼자 심심해서 자기 상처를 들여다보며 딱지를 떼어 내기도 하고 긁기도 하면서 마침내 상처가 아물어 가는 것을 봤다고 한다.

그렇다면 문학은 매우 유용한 것인가? '무려' 상처를 낫게 하다니! 그러나 그게 문학의 본디 목적은 아닐 터. 심심해서 자기 상처를 들여다본다고 하지 않았나? 그럼 심심할 때 하는 게 문학인가?

문학은 다른 일로 바쁜 이는 하지 못한다. 속도 시대에 뒤진 이만이 할 수 있는 게 문학이다. '그렇다면 문학은 무용한 것이로군. 그러니 할 만한 것이 못 되는군.' 이렇게 생각해도 할 수 없다. 그러나 오래전에 작고한 평론가 김현이 들으면 서운해할 말이다. 김현은 "문학은 써먹을 데가 없어 무용하기 때문에 유용하다. 모든 유용한 것은 그 유용성 때문에 인간을 억압하지만, 문학은 무용하므로 인간을 억압하지 않는다. 그 대신 억압에 대해 생각하게 만든다."고 설파했다.

『날짜변경선』은 문예 백일장을 쫓아다니는 고등학생의 '민낯'을 그렸다. 대학 입학 사정 때 백일장 수상 이력이 도움될지 몰라 온갖 백일장을 쫓아다니는 군상은 문학의 유용성을 일찌감치 간파한 부류가 되겠다.

공식 결석을 해도 되는 게 좋아, 학교에 가고 싶지 않아 기를 쓰고 백일장을 찾는 학생도 어찌 보면 문학의 유용성을 '살짝' 눈치채 버렸는지 모른다. 하지만 많은 학생들은 글쓰기 자체가 좋아 백일장을 찾는다. 그들에게 문학은 자기가 좋아서 하는 시 쓰기, 소설 쓰기이다. 이보다 나은 문학의 유용성이 있을까?

『날짜변경선』은 백일장에 참가하는 아이들이 지닌 사연을 통해 문학에 대해 묻는다. 윤희는 백일장에서 수상해야 따돌림에서 자유로워진다는 것을 안다. 게다가 백일장에 참가하는 날에는 학교를 빠질 수 있어 좋다. 그림을 잘 그렸다면 미술 대회 참가 핑계를 댔을 테고 악기 연주를 잘했다면 연주회 핑계로 학교를 빠졌을 아이가 윤희다. 우진이는 시가 좋다. 그러나 윤희만큼 되지 않는다는 데에 좌절하고 '못난 짓'을 하기도 한다. 현수는 백일장에서 입상은 못했지만 백일장 수상 이력이 대학 입시에 도움을 주리라는 것을 믿는다. 요즘 학생들과 가장 근접한 아이로, 이른바 백일장 수상이 그에겐 이른바 '스펙' 쌓기인지 모른다.

이 소설은 고등학교 학생들에게 문학이 여러 차원에서 '유용'하게 쓰이는 것을 보여 주고 있기도 하다.

사람은 죽음을 마주하고 산다

『두려움에게 인사하는 법』 김이윤 지음 | 창비

동물학자들의 연구에 따르면 사람이라는 동물과 사람이 아닌 동물을 가르는 기준은 많지만, 가장 뚜렷한 요소 가운데 하나를 들라면 죽음을 의식하고 사느냐 아니냐 하는 것이란다. 이 말은 동물 가운데 사람만이 죽음을 마주하고 살지, 다른 동물들은 거의 죽음을 의식하지 않고 산다는 얘기다.

사람은 누구 할 것 없이 언젠가 죽는다는 사실에 경악을 한다. 그래서 서구에선 '죽음을 기억하라!(Memento Mori!)'는 말이 경구처럼 쓰이기도 한다. 언젠가는 죽으니까 지금 이 순간을 열심히 살라는 얘기이다.

그럼에도 사람이라는 동물은 자신은 늙지도, 죽지도 않을 거라 착각하며 대부분 영원히 살 것처럼 군다. 그러니 장례식장에 가도 그리 심각하지 않다. 죽음을 뛰어넘어서 그런 게 아니다. 그냥 남의 일이기 때문이다. 영화배우 제임스 딘은 "영원히 살 것처럼 꿈꾸라. 그러나 내일 죽을 것처럼 살라!"라고 했다. 그는 역설적이게도 요절했다.

죽음에 초연한 사람이 있을까? 사람은 죽음에 초연하지 못한다. 그래서 옛 중국에선 아랫사람들로 하여금 늙지 않는다는 약초인 불로초를 찾아 세상 곳곳을 뒤지게 한 제왕도 있었고, 과학 정보 시대라는 21세기에도 영원

불치병에 걸린 엄마, 딸의 존재조차 모르는 아빠, 남자 친구와의 이별. 하나도 쉬운 일이 없지만 꿋꿋이 살아 내는 여여의 모습을 차분히 그려 냈다.

한 삶을 찾는 이들 덕에 사찰이나 교회가 북적댄다. 하지만 자연주의자 스콧 니어링은 백 살이 되어도 죽지 않자 스스로 곡기를 끊어 자발적으로 죽었다. 자연의 순리에 따르고자 한 것이다. 사람들은 그의 죽음을 그의 철학에 따른 존엄한 죽음이라고 한다.

『두려움에게 인사하는 법』은 미혼모인 엄마의 죽음에 대처하는 딸의 이야기이다. 직업으로서 사진 찍는 일에 열심이던 엄마가 뜻밖에도(?) 암에 걸렸다. 현대 의학도 수명을 그리 많이 연장시키지 못한다. 남아 있는 생명의 기간 동안 엄마는 평소대로 의연하게 행동하려 한다. 그러나 그럴수록 독자의 감정선은 복잡해진다.

아직 고등학생인 딸. 결혼도 하지 않고 낳은 딸을 이 세상에 달랑 혼자 남기고 가야 하는 엄마의 심정은 어떨까. 그럼에도 딸은 애써 씩씩하려 한다. 그래서 학교 시험 준비도 열심히 하고, 남학생도 만나고, 엄마가 꼭꼭 숨겨 놓은 아빠를 만나기도 한다. 하지만 아빠를 만나도 굳이 자신이 딸임을 드러내지 않는다.

이러한 사실 모두 작가는 시종일관 담담하게 묘사해 간다. 작품이 끝나도록 작가는 끝내 흔들리지 않는다. 그래서 독자가 작가 대신, 등장인물 대신 흔들려 주어야 한다. 자신이 엄마라면, 자신이 딸이라면 어찌해야 할 것인지를 스스로에게 물으면서 말이다.

스무 살이 채 되지 않은 딸은 엄마와 이별을 준비하는 과정에서 남자 친구와 미리 이별 연습을 하기도 한다. 이성과 헤어지는 것도 이별은 이별일 테니까……. 그와는 물론 이성 친구로서의 이별이다. 하지만 열여덟 살짜리 소녀에겐 그것도 버겁다. 고등학생에겐 이성과의 이별이나 죽음과의 이별이나 두렵기는 마찬가지이다. 어쩌면 작가는 죽음과의 이별이 두렵다는 것을 말하기 위해 소설 속에 이성과의 이별을 살짝 끼워 넣었는지 모른다.

어린 딸은 엄마와의 이별을 준비하는 기간 동안 이성을 만나는 일에 자책을 하기도 한다. 하지만 엄마가 딸의 삶을 대신 살아 줄 수 없고 딸도 엄마의 삶을 대신 살아 줄 수 없다. 저마다 자기 몫의 삶을 산다. 이런 측면에서 보면 죽음도 삶의 연장이다. 하여튼 누구든 자기 몫의 삶을 감당해야 한다.

산 사람은 아무리 해도 직접 경험할 수 없는 게 죽음이다. 어쩌면 삶이 계속된다면 죽음이란 없는 거나 마찬가지이다. 그래서 고대 그리스 철학자 에피쿠로스는 살아 있는 한 죽음은 없다고 했다. 사람이 죽은 뒤엔 이미 죽음을 느끼지 못하므로…….

사랑은 약속을 하게 한다

『톤즈의 약속』 이병승 지음 | 한수임 그림 | 실천문학사

언필칭 '봉사'를 들먹이고 '희생'을 들먹이며 낮은 곳에 임하고자 하는 사람들이 많은 세상이다. 하지만 스스로 세상 낮은 곳에 임하는 사람은 흔치 않다. 간혹 떠밀려서 낮은 곳으로 가는 이들은 있다. 그러나 자발적으로 자신의 삶을 낮은 곳에 과감히 던지는 사람은 보기 힘들다.

알베르트 슈바이처를 '아프리카의 성자'라고 한다. '생명에 대한 경외'는 그를 모든 게 열악했던 아프리카로 가게 했다.

그는 자신의 믿음을 실천하기 위해 세속적으로 그동안 이룬 것을 모두 포기한다. 어쩌면 포기가 아니었는지도 모른다. 자신의 믿음을 실천하기 위한 준비 기간이고 준비 활동이었을 수도 있다. 슈바이처는 목사직이나 교수직, 파이프 오르간 연주자직도 마다하고 적도 근처 아프리카의 랑바레네로 가서 의료 행위를 하기 위해 서른 살에 다시 의학 공부를 시작한다.

슈바이처 버금가게, 아니 그 이상으로 자기의 신념을 실천하다 길지 않은 삶을 살고 간 이가 있다. 이태석 신부. 그도 아프리카의 성자이다. 우연히도 그는 슈바이처와 같은 나이인 서른 살에 삶의 방향을 틀기로 결정한다. 슈바이처는 신학을 먼저 공부하였지만 의사가 되기로 했고, 이태석 신부는 의사

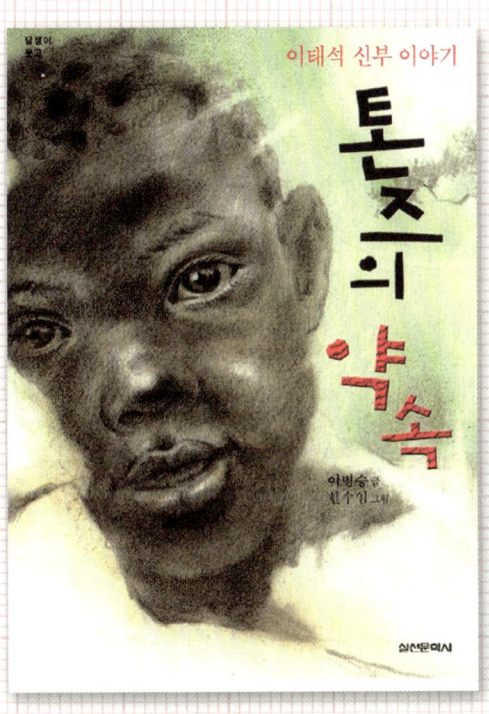

아프리카 수단에서 가난한 이들과 함께 살아가며, 사랑을 실천했던 이태석 신부의 이야기이다.

였지만 신부가 되기로 하였다. 두 사람 다 서른 살을 기점으로 인생의 물길을 튼 것이다.

『톤즈의 약속』은 이태석 신부가 아프리카에 있는 남부 수단의 '톤즈'라는 마을에서 신부이자 의사로서 아이들과 함께 울고 웃으면서 지낸 이야기이다. 이런 이야기는 흔히 주인공을 미화하여 자칫 전지전능한 인물로 그리기 십상이다. 그러나 『톤즈의 약속』에선 '마뉴'라는 아이를 등장시켜 그런 위험을 없앴다.

마뉴는 소년병 출신이다. 아홉 살 때부터 군인 노릇을 하여 지금은 열세 살이다. 하지만 군인이라기엔 너무 어린 나이이다. 마뉴가 어린 나이에 소년병이 되었다는 건 그만큼 수단의 상황이 복잡하다는 얘기이기도 하다.

마뉴는 총상을 입고 이태석 신부가 살고 있는 종교 공동체로 들어와 진료

를 받게 되지만 자신을 치료해 준 이태석 신부에게조차 주먹질을 하며 마음을 열지 않는다. 이태석 신부는 마뉴의 마음을 열게 하려고 갖은 노력을 다한다. 공동체의 다른 사람들은 마뉴의 불손한 행동을 보며 눈살을 찌푸렸다. 하지만 이태석 신부는 끝까지 마뉴의 닫힌 마음을 열려고 노력한다. 독자도 이 대목에서 그만 포기하라며 소리지르고 싶을 것이다.

  병에 걸린 사람을 치료하여 살리기 위해 의사가 된 사람이 있는가 하면, 오로지 돈을 벌기 위해 의사라는 직업을 택한 이도 있다. 그러나 이태석 신부는 의사라는 직업이 주는 세속적 편안함을 팽개치고, 신부가 되어 아프리카의 수단까지 간다.

  이태석 신부는 자신의 안락함을 전혀 돌보지 않는 사람이었다. 자신의 몸조차 돌보지 않아 톤즈에서 아이들과 지내는 7년 동안 자신의 몸 안에 암 세

포가 자라고 있는지도 몰랐다. 잠시 한국에 다녀온다고 약속했지만 그는 곧 대장암으로 세상을 떠났다. 결국 그는 톤즈의 아이들과 곧 돌아오겠다고 한 약속을 지키지 못하고 말았다.

진정한 의사는 환자의 육체만 치료하는 게 아니라 마음까지도 치료한다. 소년병 마뉴의 마음속엔 오로지 증오심만 가득 차 있다. 마뉴 같은 수단의 아이들이 어디 한둘이겠는가.

증오심 가득한 이들의 증오를 풀어 주며 그들이 마침내 사랑의 마음을 갖도록 하는 이. 그들을 성자라 한다. 성자는 아무나 될 수 없다. 자신의 모든 것을 건 사람만이 성자가 될 수 있다. 모든 것을 걸 만한 것, 그게 사랑이다.

삶이 아니라 죽음이 끝나는 순간

『어느 날 내가 죽었습니다』 이경혜 지음 | 바람의아이들

 이경혜의 소설 『어느 날 내가 죽었습니다』는 청소년, 특히 중학생들이 아주 즐겨 읽는 책 가운데 하나이다. 중학생들이 '죽음' 자 달린 책을 좋아한다는 건 어쩌면 중학생의 삶이 죽고 싶을 만큼 괴롭다는 걸 말하고 있는지 모른다. 그 나이에 죽음을 좋아할 이유가 뭐겠는가? 하지만 그들에겐 죽음조차도 대수로운 일이 아니다.
 제목에서 알 수 있듯이 『어느 날 내가 죽었습니다』는 미리 써 놓은 말이다. 미래의 어느 날 "나는 죽고 없을 것이다."라는 말이다. 사실 죽음은 살아 있는 한 누구도 경험해 볼 수 없는 신비의 영역이다.
 '어느 날 내가 죽었습니다'는 일기장 제목이다. 일기장 주인은 제목이 암시하듯이 죽었기에 이 세상에 존재하지 않는다. 일기를 쓴 이, 즉 일기의 주인은 세상에 없고, 일기를 읽는 이, 즉 일기의 주인과 관계를 맺은 이는 세상에 있다. 세상 속에 남아 있는 이가 세상을 떠나 버린 일기장 주인을 떠올리는 게 이야기의 뼈대이다.
 이야기 속의 재준이와 유미는 같은 중학교를 다니는 친구 사이이다. 재준이가 남긴 일기를 펴 본 유미가 빈 칸을 채우듯이 재준이의 심리와 상황을

유미는 사고로 죽은 재준이의 일기를 보며 함께한 추억을 더듬는다. 일기 속에는 짝사랑, 성적, 학원 등 평범한 중학생의 일상이 펼쳐진다.

꿰맞추어 간다. '그때 재준이는 이랬구나, 나는 저랬는데…….' 하면서. 어찌 보면 재준이의 죽음은 단순하다. 오토바이를 타고 가다 교통사고를 당한 것이다.

일기장 제목을 암시적으로 달았지만, 실은 살아남은 이들이 그렇게 느낄 뿐이다. 기실 죽은 이는 제목을 의식하며 살지 않았다. 다만 '시체 놀이'라는 죽음 체험 놀이를 통해 재준이는 '죽은 이의 눈으로 세상을 바라보면 어떨까?' 하는 중학생다운 발상을 보여 주었을 '뿐'이다. 그런데 죽음은 늘 예기치 않게 다가오는 것.

재준이가 좋아하는 여자아이는 따로 있고, 유미도 좋아하는 남자아이가 따로 있다. 이를테면 둘 다 '짝사랑'이라는 동병상련의 처지에 있는 셈이다. 둘은 요즘 아이들 말로 '까칠한' 친구 관계이다. 서로의 고민을 나누며 공부도 함께한다. 그러나 이성적으로 가까워지지는 않는다. 재준이는 살아 있을 때 유미에게 매우 친절하고 융숭 깊게 대했다. 그러나 유미는 재준이를 늘 못마땅해했다. 그러한 관계이기에 역설적으로 서로 고민을 나누게 되고 더 잘 알게 되었는지 모른다.

재준이가 죽자 재준이 엄마는 그 일기장을 펼쳐 볼 엄두를 내지 못하고 유미에게 건네며 읽어 봐 달라는 부탁을 한다. 사실 그 일기장은 유미가 재준이에게 선물로 준 것이기도 하다. 유미도 재준이의 내면을 들여다보는 일이 두렵기는 마찬가지이다. 그래서 차일피일 미루지만 결국 일기를 읽으며 지난 세월을 반추한다.

유미가 반추하는 세월은 재준이가 살아 있을 때, 즉 재준이가 아직 같은 세상에 속해 있을 때 둘이 찧고 까불며 고민하던 내용들로 채워져 있다. 그래서 어찌 보면 죽은 이의 기록이라기보다는 산 자의 기록이다. 그도 그럴 것이 재준이의 삶보다는 유미의 삶이 더 도드라져 보이기 때문이다. 작가는 재준이의 죽음으로 이야기를 시작했지만, 독자는 유미의 이야기로 읽는다.

재준이 이야기든 유미 이야기든 결국은 산 자의 이야기이다. 그래서 러시아 소설가 톨스토이는 소설 『이반 일리치의 죽음』에서 죽을 때를 '삶이 끝난 게 아니라 죽음이 끝났다'고 적었을 것이다. 맞는 말이다. 살아 있는 동안 우리에게 죽음은 존재하지 않는다. 죽는 그 순간 삶이 끝난 게 아니라 죽음이 끝나는 것이므로.

　중학생이라는 어린 청춘들은 자신들의 지금 생활이 '죽을 지경'이다. 그래서 다들 "어느 날 내가 죽었습니다."라고 말하고 싶은지 모른다. 이 사회에서 숨 막혀 하며 죽고 싶은 게 어디 중학생뿐이랴만…….

 # 식구는 밥을 같이 먹지만
저마다 다른 기억을 갖고 있다

『도미노 구라파식 이층집』 박선희 지음 | 사계절출판사

기억은 내가 낳은 자식에게 유전되지도 않으며, 같은 사안이라도 저마다 다르게 기억한다. 이 말은 한솥밥을 먹는 식구라도 좀처럼 기억을 공유하기 힘들다는 뜻일 게다. 동상이몽이라는 말은 이런 상황을 잘 나타내 준다. 같은 자리에서 잠을 자면서도 꿈은 저마다 다르게 꾼다. 겉으로는 같은 행동을 하지만 속으로는 저마다 딴생각을 하는, 꿍꿍이속이 다르다.

『도미노 구라파식 이층집』은 제목이 이미 말하고 있는 것처럼, 집에 관한 이야기를 담고 있다. 집은 식구들이 거처하며 생활의 기반이 되는 곳이다. 식구들 모두 자기 방에서 자기만의 꿈을 꾸기도 한다. 이러한 모든 것을 집은 기억한다.

'구라파식 이층집'에 사는 식구들도 한집에 모여 살지만 저마다 자기 방에서 자기만의 꿈을 꾼다. 어찌 보면 가족에게 일어날 수 있는 웬만한 문제는 모두 다 있는 집이다. 그래서 얼핏 보면 '문제적 가정' 같기도 하다. 하지만 그렇게 보면 문제 없는 가정이 있을까? 식구는 저마다 '문제적 상황'을 지니고 있지만 그 상황을 각자의 방식으로 이겨 낸다. 피를 나눈 '혈연'이라는 말에선 똘똘 뭉쳐 어떤 상황이든 이겨 내야 한다는 집단주의적 냄새가 난

도미노처럼 연쇄적으로 무너져 가는 낡은 집과 그 집에 사는 가족에게 소리 없이 찾아든 갈등을 절묘하게 연결시킨 작품이다.

다. 그러나 피를 나누었다고 '식구'인 건 아니다.

　여고생 몽주의 기억은 할머니에게 업혀 지내던 어린 시절에서 시작한다. 그 기억은 자연스레 할머니와 같은 공간에서 지내던 집의 기억으로 이어져 있다. 이른바 좋은 기억이다. 그런 할머니를 위해 생일 선물로 마술을 준비하기로 마음먹은 몽주는 학교 마술 동아리에 가입한다.

　할머니는 집과 더불어 늙어 간다. 30년 전, 처음 지을 땐 최신식 집이었을 구라파식 이층집. 그러나 이젠 여기저기 수리를 필요로 하는 낡은 집이 되었다. 타일 하나, 마룻장 하나에도 추억이 담겨 있지만 낡아 가는 건 어쩔 수 없다. 할머니도 그렇게 늙어 갔다. 엄마도 아빠도, 몽주 자신도…….

　몽주는 점점 마술의 매력에 빠져든다. 그러나 현실은 달콤하고 짜릿한 마술의 세계와 다르다. 몽주가 처한 현실은 쓸쓸하고 팍팍하기만 하다. 생계를 책임지고 있는 가장이지만 가장의 무게를 이른바 '야동'을 봄으로써 견디어 내는 아빠. 현실의 문제보다는 에스프레소 커피에 낭만을 담아 끝내 커피 집에 살다시피 하는 엄마. 일흔 넘어서 자신의 존재 의미를 따지며 독립을 선언한 할머니. 일찌감치 자신만의 사랑에 빠져 애써 현실을 외면하며 흑인 이슬람교도 남자 친구를 따라 외국으로 떠나 버린 언니. 아이를 낳지 못해 입양을 결정한 오빠네.

　몽주는 아무리 생각해도 뽀족한 답이 안 나오는 식구들 사이에서 나름대로 몸부림친다. 여고생 신분에 무엇을 할 수 있을까? 몽주는 마술 동아리에서 친구들로부터 마술을 배우기 시작한다. 그러나 진짜 마술은 낡은 집과 관련되어 있다. 몽주는 나중에 여행을 가기 위해 학원비 명분으로 몰래 모은 돈에 언니가 집을 떠나면서 준 돈을 합쳐 자신의 기억을 새롭게 담을 집을 수리하는 데 쓴다. 집을 수리하는 일은 기억을 새로 저장하는 일이다. 몽주에게 그건 진짜 마술이다.

　소설은 오래된 구라파식 이층집에 모여 사는 어느 '문제적 가정'의 '마술'

같은 이야기이다. 도미노처럼 연쇄적으로 무너져 가는 낡은 집과 집이 낡아 감에 따라 식구들 모두 저마다 다르게 변해 가는, 그 집에 사는 식구들에게 소리 없이 찾아든 균열. 균열의 틈 사이에서 무엇을 보는가. 작가는 사랑을 본다. 식구들 모두 저마다 따로 노는 것 같지만 어쩌면 각자 자신의 사랑을 가꾸지 않을까? 각자의 사랑이 결국 식구들에게 도미노처럼 이어지지 않을까? 사랑의 지독한 전염성, 그게 진짜 '마술'인 듯하다.

 # 아버지와 아들이
같이 성장하는 길

『아들과 함께 걷는 길』 이순원 지음 | 한수임 그림 | 실천문학사

　사람은 달리면서도 생각을 할 수 있다. 하지만 그때는 오로지 뛰는 것만 생각하기 십상이다. 가만히 누워 있을 때도 생각을 할 수는 있다. 그러나 그때도 그냥 '멍하니' 있을 때가 많다. 알려진 바로는, 생각의 속도는 걷는 속도와 같다고 한다. 머릿속으로 이러저러 생각을 많이 할 때는 발걸음을 자박자박 떼며 걸어갈 때라는 것이다. 고개를 끄덕이지 않을 수 없다. 그런 까닭에 사람은 머리는 하늘로 향해 있고 두 발은 땅을 밟으며 적당한 속도로 걸을 수 있게 '직립 동물'로 진화되었는지 모른다. 생각을 하며 살라고…….
　우리는 늘 '생각 좀 하고 살라'는 말을 남에게서 자주 듣는다. 스스로도 "생각 좀 하고 살자."고 웅얼거리며 다짐하기도 한다. 그럼 생각이 뭔가? 시중에 유행하는 말로 하자면 '개념' 좀 챙기라는 얘기다. 요즘 너무 개념 없이 사는 사람이 많아서 그런 말이 생겼을 것이다. 그렇다. '생각'은 '개념'이다.
　어른들은 아이들을 두고서 걸핏하면 "요즘 아이들은 생각이 없어서……."라며 혀를 끌끌 찬다. 그렇게 말하는 어른들은 아이들에게 '지적질'을 할 만큼 항상 생각을 잘하며 살고 있을까? 아이들 말마따나 어른들은 개념이 항상 '탑재'되어 있을까? 이 대목에서 어른인 나는 자신이 없다. 어른들

대관령 고갯길을 걸어 넘으며 나누는 부자의 대화는 자연 만물에 관한 이야기와 집안의 내력, 성인이 될 준비를 하는 자녀에게 부모가 들려주고 싶은 이야기들을 풍부하게 담아낸다.

보기에는 아이들이 생각 없이 사는 것 같지만, 아이들 보기엔 어른들이 생각 없이 산다. 그래서 세대 갈등을 겪는다.

　세대 갈등. 이 세상에 부모와 자식, 기성세대와 신세대라는 관계가 있는 한 피할 수 없는 갈등이다. 아이가 자라 어른이 되지만 일단 어른이 되면 자신의 어린 시절은 기억하지 못하고 어른 행세만 한다. 이를 흔히 빗대는 말이 있다. "개구리가 올챙이 시절 생각 못한다." 어른도 처음부터 어른은 아니었다. 그런데도 자신의 올챙이 시절을 까먹고, 걸핏하면 자신이 어렸을 때는 그러지 않았다며 자녀를 윽박지른다.

　『아들과 함께 걷는 길』의 작가도 처음부터 어른은 아니었다. 자신도 어린 아이이고 청소년이었을 때 부모와 이런저런 갈등을 겪었다. 어쩌면 지금도 여전히 겪고 있는지 모른다. 그런데 어느새 자신도 아버지가 되었다. 이젠 자신의 자식하고 갈등을 겪어야 한다.

　보통 이런 시기가 오면 어른들은 자신의 어린 시절은 까먹지만 이 책의 작가는 그러지 않았다. 처음부터 어른이었다고 윽박지르지도 않고, 지금도 아버지의 아들이라는 걸 숨기지 않는다. 작가는 대관령을 아들과 함께 걸어 고향인 강릉까지 가기로 한다. 강릉에는 자신의 아버지가 산다.

　걸어가면서 아버지와 아들은 이런저런 이야기를 나눈다. 아니, 생각을 나누고 개념을 나눈다. 아버지는 아들이 생각이 없는 게 아니어서, 개념이 없는 게 아니어서 대견스럽다. 아들은 아버지가 무엇보다 느는해서 좋다. 아버지와 아들 서로가 생각이, 개념이 같으니 그러지 않겠는가?

　굽이굽이 대관령 고갯길에서 아버지와 아들은 서로를 나누며 걷는다. 옛 노래 "오늘도 걷는다마는 정처 없는 이 발길……" 운운의 걷기가 아니다. 정처가 있다. 굽이굽이 다 돌아서 내려간 고갯길 끝에선 아버지가 기다리고 있다. 작가는 다시 아버지의 아들이 된다. 작가의 아들은 '할아버지'를 부르며 뛰어간다. 삼대는 그렇게 이어진다.

아버지와 아들이 함께 걷는 이야기로는 작가 송언의 『해남 가는 길』(우리교육)도 있다. 두 선배 작가의 걷기를 흉내(?) 내 수년 전에 나도 내 고향 진도까지 아들과 함께 걸어가 본 적이 있다. 집 안에선 서로 데면데면하며 안 드러나던 것들이 걷는 동안에는 날것으로 다 드러났다. 그게 진짜 생각이었다. 걷기가 끝나면 아들은 물론 아버지도 부쩍 많이 성장한다. 걷는 동안 생각이 자라는 것이다. 부자가 함께 성장하는 길, 그것은 길을 걷는 일이다.

아픈 시대,
존엄을 지키며 산다는 것

『무옥이』 이창숙 지음 | 김재홍 그림 | 상상의힘

예나 지금이나 목숨을 부지하는 일은 쉽지 않다. 예전엔 무엇보다도 평균 수명이 짧았다. 게다가 물질문명이 발달하지 않아 인간 삶의 구석구석에 어두운 구멍이 많았다. 특히 교통과 통신의 미발달에 따른 어려움이 많았다. 예전에 비해 지금은 물질문명이 필요 이상으로 발달했으며 인간의 평균 수명 또한 엄청나게 길어졌다. 교통과 통신은 정신을 못 차릴 정도로 발달했다. 그만큼 사는 게 편해졌다. 그러나 사는 게 편해졌다고 인간의 가치도 그만큼 같이 높아졌을까?

『무옥이』는 인간의 가치를 다룬다. 인간은 무엇을 보고 살아야 하는가, 인간이 지향해야 하는 것은 무엇인가를 줄곧 생각하게 하는 소설이다. 소설은 줄곧 인간의 존엄은 인간의 가치를 지키는 일이라고 말한다.

인간의 가치, 말은 쉽다. 그러나 그걸 지키는 건 어렵다. 지키기 어렵기에 많은 사람들이 식민지 조국의 현실을 외면하고 친일파가 되기도 하며, 자본의 노예가 되어 동료 노동자를 외면하기도 한다. 그뿐인가. 올바른 생각을 갖고 인간의 존엄을 지키고자 하면 '빨갱이' 딱지를 마구 붙여 옴짝달싹 못하게 한다. 친일파였던 그들은 나중엔 걸핏하면 엉터리 반공주의자가 되어

독립운동을 하던 아버지로 말미암아 식구들이 겪게 되는 어려움, 동생의 죽음, 조혼 풍습, 시집살이, 피란, 노동 운동 등 무옥이의 짧지만 파란만장한 기록을 담고 있다.

자본과 권력을 꿀꺽한다.

　무옥이는 여자이기에, 또 몸이 약하기에 학교도 제대로 못 다니고, 어린 나이에 시집을 가야 한다. 멀지도 않은 옛날, 불과 한두 세대 전만 해도 다 그랬다. 그랬기에 인간의 가치, 아니 존엄을 지키기가 무척 어려웠다.

　무옥이를 기다리고 있는 운명은 가혹하기만 하다. 첫날밤도 못 지낸 청상과부 노릇에, 고된 시집살이. 인간의 존엄을 지키고자 '사상가'가 되어야 했던 아버지. 그러나 아버지는 해방 조국의 감옥에서 병으로 죽고 만다. 무옥이 애틋하게 정을 쏟고 사랑했던 동생 무창이는 하필 무옥의 혼인날 복막염으로 세상을 떠난다. 지금 같으면 그리 어려운 병이 아니다. 그러나 무창이는 걸맞은 치료는커녕 제대로 앓아 보지도 못하고 저세상 사람이 되고 만다. 신랑은 무창이 혼인날 죽은 걸 핑계 삼아 무옥을 외면한다. 그럼에도 신랑 없는 시댁으로 가서 시집살이를 해야 하는 무옥이. 눈물 없이 볼 수 없는 한국 영화일까? 아니다. 이 시절 여인들의 삶이다. 그야말로 징글징글하다.

　무옥이 자신의 존엄을 지키고자 서울에서 공장 살이를 하는 어릴 적 동무 순자를 찾아 마침내 시댁에서 나온다. 그러나 서울에서의 새로운 생활도 잠시, 곧바로 6·25 전쟁이 터지고 만다. 이승만 대통령을 비롯한 정치꾼들은 이미 도망치고서 "서울 사수!"를 외친다. 그러면서 한강 다리를 끊어 버린다. 누구를 믿어야 하나?

　전쟁 와중에 부산으로 피란 간 무옥은 조선방직에 취직해 짧은 '여유'를

가진다. 하지만 노동 운동을 하던 동무 순자를 떠나보내고, 야학 교사로 무옥이에게 청혼했던 이재유 선생도 떠나보내고, 이제 무옥이 그 뒤를 잇는다. 무옥은 늘 역사의 현장에 있었고, 언제나 성실히 산다. 자기 몫을 다한 목숨들이 어이없이 세상을 뜨자 무옥이 그 뒤를 잇는다. 무옥 역시 자기 몫의 삶을 계속 사는 것이다.

역사는 있었던 사실을 기록함으로써 후대의 평가를 기다린다. 문학은 사실보다는 진실을 적는다. 허구적 사실이라도 그게 진실성이 있으면 형상화한다. 독자는 문학이 사실을 있는 그대로 그리기를 기대하지 않는다. 하지만 문학이 그린 허구성보다는 문학이 말하고자 하는 진실성에 환호한다.

해방과 6·25 전쟁의 공간에서 『무옥이』의 도식적인 인물 설정이 아쉽기도 하지만, 이야기가 지녀야 하는 몫은 다했다. 청소년 독자에게 할머니 세대의 젊었을 때 이야기를 이처럼 실감나게 그려 보여 주기가 그리 쉽지 않기 때문이다.

어른의 문제가 곧 아이의 문제!

『마음먹다』 김이윤·노경실·이명랑·이상권·이시백·정미 지음 | 우리학교

　소설을 써 본 사람은 느끼겠지만 장편은 등장인물의 관계 묘사에 치중하게 되고, 단편은 개별 인물의 행동을 주로 그리게 된다.
　독자는 단편에 등장하는 인물의 행동 하나하나에 때로는 공감하고 때로는 전율하면서 어느새 등장인물의 '속내'가 자기 것인 양 여기게 된다. 이에 비해 장편은 인물들 서로의 관계에 주목하면서 사건을 전개시킨다. 장편을 읽을 때 독자는 이야기 전체의 흐름에 먼저 빠진다. 물론 등장인물 가운데 어떤 인물에 자신을 대입시키기도 하지만 장편 소설에선 등장인물 하나하나의 일희일비보다는 이야기가 어떻게 퍼져나갈 것인지가 더 중요하다.
　주제가 있는 소설일 경우는 장편보다는 단편이 훨씬 더 유리하다. 그 주제에 맞는 인물을 등장시켜, 그 인물의 행동 묘사를 통해 주제를 드러내 보여 줄 수 있기 때문이다.
　『마음먹다』는 단편 모음집이다. '성취와 좌절'이라는 주제도 정해져 있다. 그럼 고리타분할까? 그렇지 않다. 학교 현장에선 단편 하나하나의 독특한 주제에 더 박수를 보낸다. 주 독자인 아이들 누구든 한 번쯤(아니, 여러 번) 성취하고자 하는 일에서 좌절을 겪어 봤다. 그래서 이 소설집에 있는 단편 속

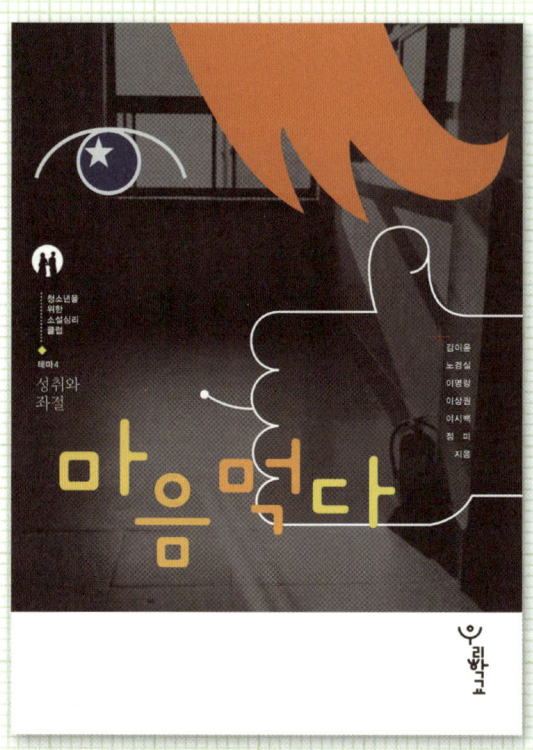

십대들이 맞닥뜨리는 성취와 좌절이라는 고민에 대해, 여섯 명의 작가들은 집착, 무기력, 열등감, 현실 도피, 자학이라는 소재로 접근한다.

의 인물을 쉽게 자기와 동일시한다.

이상권의 「개 대신 남친」에 등장하는 인물은 저마다 좋아하는 대상을 하나씩 가지고 있다. 어른에게 집착은 고집이기도 하지만 아이들에게 집착은 성장의 한 과정이다. 소설 속에서 딸인 선민은 원래 강아지를 좋아했지만 지금은 '남친'이 있으면 더 좋겠다고 한다. 관심의 대상이 바뀐 것이다. 그런데 이를 이해해 주는 어른이 과연 몇이나 있을까?

이명랑의 「단 한 번의 기회」는 경쟁의 의미를 묻는다. 우리 사회는 텔레비전 예능 프로그램에서조차 생존 경쟁을 내세운다. 1등은 2등이 쫓아오면 불안하다. 2등이 없어도 자기 안에서 또 경쟁한다. 그래서 등수는 그대로 1등이더라도 성적이 좀 떨어지면 죽을상이다. 이른바 경쟁의 내면화에 이미 길들어 있다.

노경실의 「엄마 조금 더 기다려 주면 안 될까요」는 부모의 바람이 곧 자식의 꿈이라는 착각을 꼬집는다. 아이들은 자신의 꿈과 부모의 바람 사이에서 방황해야 한다. 어른들은 중학생 정도면 이미 인생이 판가름 났다고 쉽게 말한다. 과연 그럴까? 아이들은 자신들을 기다려 주지 않고 쉽게 판정해 버리는 어른들 속에서 그야말로 '죽을 맛'이다.

김이윤의 「마음먹다」는 아이들이 자신의 삶을 살지 못하고 어른의 삶을 살고 있는 것을 질타한다. 아이들은 부모를 기쁘게 하기 위해, 혹은 선생님을 기쁘게 하기 위해 재롱을 부려야 하는 '기쁨조'가 아니다. 그런데도 자신보다는 남을 의식하며 살아야 한다. 남이 조종하는 바에 따라 움직여야 하는 '꼭두각시'의 삶.

이시백의 「장 지지러 가는 날」은 뒤틀린 스승과 제자의 관계를 꼬집는다. 두 관계가 뒤틀린 것은 전적으로 어른인 선생님들 탓이다. 아이들은 호시탐탐 그런 선생님께 복수할 기회를 노린다. 문학의 기능 가운데 하나가 배설 효과에 있음을 알려 주는 작품이다. 아이들은 선생님들의 그릇된 행동에 딱 맞는 별명을 지어 준다.

정미의 「현피」는 어른의 문제는 곧 아이들의 문제이기도 하다는 걸 보여 준다. 아이들은 가족과 외따로 떨어져 사는 존재가 아니다. 가족의 문제는 가족 구성원 전체의 문제이기도 하다. 어떤 문제에 부닥쳤을 때 피하고 싶은 건 어른이나 아이나 마찬가지이다. 그래서 아이들은 쉽게 게임 같은 가상 현실에 몰입하거나 자신의 방으로 숨는다. 그래서 이를 무턱대고 나무랄 수 없다!

소설 시장(?)이 침체되어 있을 때 으레 나오는 평론가와 출판업자와 언론의 진단은 독자는 단편보다는 장편을 더 좋아한다는 것이다. 이는 검증되지 않은 무책임한 말이다. 단편과 장편은 이야기를 표현하는 데 각각의 장점이 있다. 따라서 주제와 의도에 따라 단편과 장편 중 맞는 그릇을 정할 뿐이다. 그런 의미에서 『마음먹다』는 각 주제를 명확하게 하는 데 기여하는 단편이라는 형식을 택한 것이다.

여자의 적은 여자일까?

『신기루』 이금이 지음 | 푸른책들

여자의 적은 여자일까? 엄마와 딸 사이에 무슨 문제가 생기기라도 하면 여성학 연구자는 물론 장삼이사 내지 필부필부에 이르기까지 항용 들먹이는 말이 "여자의 적은 여자다!"라는 말이다. 그 말이 한편으론 맞는 부분이 있기는 하다. 하지만 가족 구성원 중에서 가장 '센' 여자인 엄마가 딸에게 적대적일 필요는 없다. 다만 엄마 역할은 어쩔 수 없이 '악역'인 경우가 많을 뿐이다.

엄마라는 자리는 자신이 원하든 아니든 악역을 맡아야 하는 경우가 많다. 시어머니에게도, 딸에게도 엄마는 늘 마땅치 않은 존재이다. 시어머니는 아들을 며느리에게 빼앗겼다고 느끼고, 자녀 가운데 특히 딸들은 걸핏하면 '엄마 때문에 어쩌고저쩌고' 한다. 엄마는 걸핏하면 회한에 싸여 "너는 엄마처럼 살지 마라."라고 하기도 한다.

이금이의 소설 『신기루』는 딸과 엄마의 관계를 다루고 있다. 그러나 여느 소설들과 달리 딸과 엄마가 바로 부딪치며 서로에게 상처를 주고 상처를 받으며 속앓이를 하는 내면의 모습을 드러내지 않는다. 작가가 공평하게 두 사람의 대변인 역할을 한다. 처음부터 작가가 어떤 의도를 갖고 어느 누구의 편

엄마의 여고 시절 친구들과 함께 몽골 사막 여행을 떠난 열다섯 살 다인이의 여정을 엄마와 딸의 시선으로 그리며 모녀 관계에 대한 특별한 고찰을 담고 있다.

을 든 게 아니라 딸과 엄마의 말을, 생각을, 행동을 그리기만 했다. 판단은 독자가 알아서 하라고……. 작가는 아무런 판단을 해 주지 않았다.

소설의 절반은 딸인 다인이의 눈에 비친 엄마의 모습 내지 중년 여자들의 세계에 대한 관찰이다. 나머지 절반은 당연히 엄마 숙희의 눈으로 본 십대 딸의 모습과 자신이 관계 맺고 있는 세계이다. 이게 가능한 건 작가가 딸 노릇도 해 봤고, 엄마 역할도 해 봤기 때문이다. 이금이는 자신이 쓸 수 있는 것만을 쓰지, 쓰고 싶은 걸 쓰는 작가가 아닌 성싶다. 이 소설도 이금이만이 쓸 수 있는 소설로 보인다.

이 소설에서 딸은 엄마를 따라 몽골 사막으로 여행을 떠난다. 처음엔 엄마 친구들과 함께 여행을 떠난다는 게 마뜩치 않다. 아무래도 따분할 것 같아서였다. 그런데도 여행길을 따라나선 것은 학교를 포함한 일상에서 벗어날 수 있는 절호의 기회라 여겼기 때문이다.

여행을 무엇보다도 일상의 탈출로 여긴 딸은 엄마 친구들로 짜여 있는 여행팀에 합류한다. 예상대로 여행은 따분하다. 단지 위안이 되는 건 가이드가 젊고 잘생겼으며 자신이 좋아하는 연예인과 닮았다는 것이다. 그나마 딸은 자신이 가장 젊다는 것을 생각하며 그걸 위안 삼아 가이드와 친해지려 애쓴다. 그러나 복병은 엄마와 엄마 친구들이다. 그들도 멋진 가이드가 좋다! 이미 중년인 엄마 친구들 역시 일상에서 벗어난 여행지에서만큼은 거의 '소녀급'으로 돌아가 다인의 만만찮은 적수가 된다. 이 과정에서 있을 수 있는 다인의 내면을 작가는 섬세하게 묘사한다. 다인의 처지에서 보면 여자의 적은 엄마를 포함해 역시 여자다.

다음으로 작가는 엄마의 눈으로 딸의 모습을 그린다. 처음에는 딸을 보는 마음이 위태롭다. 그러나 이내 딸의 모습에서 자신의 모습을 본다. 점점 딸을 이해하는 것이다. 그러면서 자신의 모습도 돌아보게 된다. 약한 건 딸이 아니라 되레 자신이었는지도 모른다. 엄마는 딸을 통해 더 강해진다. 여유로워지는 것이다.

  이번 사막 여행에서 가장 인상적인 건 신기루였다고 두 모녀는 입을 모은다. 이제 여자의 적은 여자가 아니다. 여자니까 더 잘 통한다! 딸과 엄마는 본디 그런 사이였다. 신기루는 사막에만 있는 게 아니었다. 딸과 엄마의 사이, 아니 이 세상의 모든 인간관계에 신기루가 있다. 신기루는 좋기도 하고 나쁘기도 하다.

열아홉은 꽃다운 나이가 아니다

『내일도 담임은 울 뻘이다』 김상희·정윤혜·조혜숙 엮음 | 휴머니스트

우리 가요를 보면, '나는 열아홉'이라느니 '열아홉 순정'이라느니 하며 열아홉 살을 찬양한 노래가 많다. 노래에서 그토록 열아홉을 찬양하지만 실제로 열아홉 살짜리를 두고 제대로 어른 대접은커녕 사람대접도 하지 않는 게 현실이다. 그럴싸한 말로 포장을 한 '무뇌아' 취급을 한다는 게 더 맞는 말인지도 모른다.

(……)
남들은 잘 알지도 못하면서
열아홉은 꽃다운 나이라고 한다
하지만 열아홉은 꽃다운 나이가 아니다
각자 무거운 짐을 하나씩 들고 있다
(……)
내 인생의 열아홉은
최고로 고민이 많은 나이

— 박준석, 「내 나이 열아홉」

공업고등학교 학생들 80여 명의 시가 수록되어 있다. 저마다 왕따, 실수, 외로움, 담임과 친구, 가족들에 대한 생각을 시로 표현했다.

이들의 고민은 무엇일까? 대한민국의 평균적인 열아홉 살짜리들은 획일적으로 대학에 가야 한다. 그러나 이미 평균적이지 않은 길로 들어선 공고생 아이들의 현실은 녹록하지 않다. 일단 가정 사정이 한가로이 공부만 하게 하지 않는다. 경제적으로 가정 형편이 나은 아이라고 해도 공부엔 별로 흥미가 없다. 그들은 인문계 고등학교의 또래들이 대학 진학을 고민할 때 취업을 걱정한다. 그렇다고 그들이 미래에 대해 아무 생각 없이 사는 것은 아니다. 하지만 아이들의 현실은 답답하다.

이것도 저것도 안 된다
앞날이 막막하다

— 이정진, 「진로」

나는 꿈이 많았다
경찰, 요리사, 소설가, 대통령……
하지만 어느 순간부터 난 꿈을 잃었다
(……)
고등학교에 들어가고 난, 드디어 꿈을 찾았다
돈을 많이 벌어
가족과 함께 서로 웃고 친구들과 떠드는 것
이것이 나의 꿈이다

— 배승섭, 「꿈」

누가, 무엇이 이 아이들의 꿈을 빼앗아 버렸을까? 오로지 돈 버는 일이 꿈이고, 돈이 있어야 가족이나 친구들하고 떠들 수 있다고 여기는 아이들. 아이들의 꿈은 소박하다. 아니, 현실을 너무 많이 알아 버렸다.

『내일도 담임은 울 뻘이다』는 공고생들의 시 묶음집이다. 일반 고등학교보다 더 빨리 교실 붕괴에 이른 공업고등학교. 국어 교사들은 '도무지 수업에 흥미를 보이지 않는 아이들을 어찌할 것인가'를 고민하다 시를 써 보기로 했다. 교사들은 물론 아이들도 처음엔 긴가민가했다. 그런데 웬걸. 아이들은 시에 자신의 현실을 투영시키기도 하고, 자신의 마음을 담기도 했다. 시 쓰기가 치유제로 작용하는 순간이다.

우스갯소리로 시는 '시시'해서 시라고 한다. 하지만 공고생 아이들에게 시는 결코 시시하지 않았다. 그들에게 시는 자신들의 속과 겉을 다 비춰 볼 수 있는 거울이다. 교사들도 붕괴한 교실에서 한숨만 내쉬지 않는다. 시에 담긴 아이들의 모습에서 교사들은 진짜 거울을 보았다. 아이들이 쓴 시를 통해 아이들을 더 잘 이해하고 그들의 가정과 속내를 더 잘 이해하게 된 것이다. 나아가 아이들을 통해 자신들의 현재 위치와 해야 할 일을 더 정확히 알게 되기도 했다.

물론 아이들의 시에 시적 기교나 장치를 기대하지 않는다. 그러나 시를 전문으로 쓰는 시인들의 어떤 시보다도 공고생 아이들의 시는 진솔하다. 교육은 진솔을 바탕으로 삼아야 한다. 아이들은 담임의 진솔한 마음을 알기에 걱정한다. 우리가 말을 안 들었기에 담임은 내일도 울 것이다. 근데 담임이 울면 우리가 불리하다. 아이들도 다 알고 있다!

 # 위악적인, 짐짓 위악적인……

『자전거 말고 바이크』 신여랑 지음 | 낮은산

    신자유주의의 기치 아래, 경쟁을 치르지 않는 것이 없는 세상이 되었다. 경쟁을 주장하는 이들은 적자생존 때문에 경쟁이 불가피하다고 한다. 그런데 경쟁을 통해 살아남은 이들이 과연 '적자'일까? 경쟁 체제에선 오히려 적자가 아닌 이들이 살아남는 것 같다. 수단과 방법을 가리지 않고 살아남은 이들은 결코 적자가 아니다.

    그런데 적자가 아닌 이들이 주류를 형성하고 있어 문제이다. 더욱 문제는 우리 사회에 절대로 패자 부활전이 없다는 것이다. 경쟁에서 한번 낙오되면 영원히, 인생이 끝날 때까지 비주류 낙오자로 살아야 한다. 그러니 어린 나이에도 남을 누르고, 수단과 방법을 가리지 않고 주류로 나서고자 한다.

    패자 부활전 없이 무한 경쟁 체제에 던져진 아이들. 작가 신여랑은 그들에게 눈길을 주고 있다. 경쟁에서 이겨 주류를 형성한 이들이 아니라, 경쟁에서 낙오되어 패자 부활전도 못 치르는 비주류 아이들이 작가의 눈에 들어온다. 그렇다고, 패자에서 다시 부활한다 한들 주류에 들어갈 수 있을까? 기실은 패자 부활전도 다시 경쟁이다.

다섯 편의 단편 소설을 통해 사회의 관심 밖으로 밀려난 아이들의 내면을 깊이 들여다보고 있다.

신여랑이 비주류로 전락한 아이들을 대하는 자세는 거개가 위악적이다. 그래서 독자들은 몹시 불편하다. 그러나 신여랑이 아이들을 그렇게 그리는 것은 그들을 대하는 주류의 아이들과 어른들의 모순된 시선을 비웃는 것인지도 모른다.

이 소설집 속의 한 편인 「화란이」 같은 경우 주요 인물인 화란이는 이른바 '거리의 소녀'이다. 학교에서도 가정에서도 품지 못한 아이. 화란이가 생존을 위해 내세울 거라곤 '몸뚱이'밖에 없다. 그래서 몸뚱이 하나로 살아야 한다. 그런데 어른들은 몹시 불편해한다. 화란이의 상대는 어른들 아닌가? 정작 자신들의 치부가 드러나는 게 두렵다. 그래서 더욱 싸늘하게 반응한다. 아무리 그래도 요즘 아이들이 그 정도는 아니라면서! 그들이 말하는 요즘 아이들의 상황을 누가 만들었나? 어른들 아닌가? 어른들은 오로지 자기 자식만 그러지 않으면 된다. 자신은 "바담 풍" 해도 내 자식은 "바람 풍" 하기를 바란다. 작가는 어른들의 이런 이중적인 태도를 아주 못마땅해한다. 그들의 차가운 시선. 그게 불편하다. 그래서 작가는 아이들의 행동을 최대한 위악적으로 그린다. 작가의 위악은 되레 진실을 드러내는 방편일 게다.

「구령대 아이들」의 아이들도 눈살을 찌푸리게 한다. 그들이 학교 폭력의 주도자가 된 건 경쟁 체제에서 낙오했기 때문이다. 그들은 더욱 학교와 사회의 관심 밖으로 밀려나 눈살을 찌푸릴 일만 골라서 한다(하는 듯이 보인다). 그런데 그렇게 된 게 그들만의 탓일까? 무엇보다도 어른들의 이중적인 태도가 그들을 울타리 밖으로 밀어내지 않았을까? 주요 인물인 '수탁'은 별로 말이 없다. 하지만 속으로는 무엇이 옳고 그른지 안다. 그러기에 되레 매사에 시큰둥하고, 이제 겨우 열다섯 해를 살았지만 백 년을 산 것처럼 느낀다. 수탁이 백 년을 산 것처럼 인생을 지루하게 느끼게 된 건 아버지 탓이다. 그리고 아버지를 그렇게 만든 사회와 다른 어른들 탓이다.

표제작 「자전거 말고 바이크」도 일반적이지 않은 건 마찬가지이다. 다른 작가들 같았으면 중학생의 사랑을 그릴 때 두 남녀 학생이 소소한 일상을 함께 나누며 장밋빛 미래를 열심히 설계하게 하였을 것이다. 거의 우정 수준으로 말이다. 그러나 신여랑은 중학생들의 사랑을 그리면서도 알콩달콩한 이야기보다는 아주 '세고 독한' 사건을 보여 준다. 오로지 피 끓는 몸뚱이로 세상과 자신을 대면하게 하였다. 어찌 보면 이게 아이들의 진짜 속 모습이다.

# 유행가 가사가
내 일로 느껴질 때

『라디오에서 토끼가 뛰어나오다』 남상순 지음 | 시공사

유행가는 말 그대로 유행하는 노래이다. 유행하는 노래이기에 공감하는 이가 많은 시기엔 많이 부르다가 그 시대가 가고 나면, 더 이상 부르지 않는다. 노래에 시대상이 반영되어 있기 때문이다.

그럼 흘러간 노래는 궁상맞을까? 그럴지도 모른다. 그 시대를 모르는 이에겐 궁상맞은 소리로 들릴지도 모른다. 그러나 그 '궁상'도 실은 시대의 정서와 삶을 반영한 것이다. 어쩌면 그게 역사인지도 모른다. 대중은 유행가를 들으며 자신이 사는 시대상을 느끼고, 나아가 자신의 처지가 노랫말과 다르지 않다는 것을 느끼게 된다. "노래가 어쩌면 내 처지를 저렇게 절묘하게 표현했을까?" 하며 무릎을 치기도 한다.

노랫말이 자신의 일로 느껴질 때, 대중은 더욱 뜨겁게 반응한다. 『라디오에서 토끼가 뛰어나오다』는 노래 속에 등장인물의 마음 상태가 들어 있다. 노랫말은 등장인물의 바람이거나 하고 싶은 말이다. 주인공은 노래를 통해 말과 글도 익힌다. 그러고 보면 노래는 그를 정의하는 모든 것이다.

요즘 노래는 듣기는 좋지만 따라 부르기는 힘들다. 그러나 옛날 노래는 따라 부르기도 좋다. 그래서 옛날 노래에 공감이 더 간다. 그 옛날 노래를 주

고물상에 버려져 노랫말과 고물 더미에서 인생을 배운 소년 요리. 오래된 라디오에서 뛰어나온 토끼를 따라 나만의 삶을 찾아간다.

인공은 고물상에서 들었다. 더 정확히는 고물상의 오래된 라디오에서 들었다. 그리고 불렀다. 그리고, 꿈을 키웠다!

그렇다면 주인공은 고물상 아이? 그렇다. 주인공은 누군가가 고물상에 버린 아이이다. 세상에! 못 쓰게 된 물건이 아니라 이제 막 태어난 사람도 고물상에 버리다니.

고물상 주인 할아버지는 버려진 아이도 거두어 기른다. 이름도 지었다. 그 아이의 이름은 '요리'. 밥도 아니고 빵도 아니고 요리이다. 요리가 버려진 날, 오븐에서 막 꺼낸 음식처럼 몸에서 김이 모락모락 피어오르는 걸 보고 할아버지는 요리라는 이름을 지어 주었다. 요리는 애지중지 보살핌을 받는 아이는 아니지만, 그렇다고 구박받는 아이도 아니다.

할아버지는 고물상에 있는 건 다 폐품이라 여긴다. 그렇지만 폐품이 어떻게 다시 제 몫을 하게 되는지 할아버지는 다 안다. 고물상에서 자라는 아이답게 요리는 고물상의 모든 것을 받아들인다. 피가 섞이지 않았지만 삼촌이라 부르게 된 할아버지의 아들도, 사람들이 쓰다 버리는 온갖 폐품도……

요리는 학교에 다니지 않는다. 그렇지만 학교에 안 다닌다고 아무것도 아닌 아이가 아니다. 세상의 눈으로 보면 유령 소년 같지만 요리는 진정한 자신을 찾는 소년이다. 그렇게 된 데에는 라디오가 큰 역할을 했다. 정확히는 라디오에서 흘러나오는 노래가 큰 역할을 했다. 요리는 노래에 나오는 땅을 직접 찾아가 보는 것이 꿈이다. 삼촌이 준 『사회과 부도』에는 요리의 바람이 담겨 있다. 『사회과 부도』에는 노래에 나온 땅 이름이 들어 있다.

노래 〈눈물 젖은 두만강〉의 '두만강'은 지금 갈 수가 없다. 하지만 〈영일만 친구〉의 '영일만'은 지금 가 볼 수 있다. 그래서 삼촌과 함께 영일만으로 떠난다. "너희들 두만강에 발 씻어 봤어?" 언제일지 모르지만 두만강도 가 보고, 혹시 학교에 다니게 되면 아이들에게 그렇게 묻고 싶단다. 그래서 지금은 갈 수 있는, 영일만으로 떠난다.

서구에 학교가 처음 만들어지던 근대 초기에는 학교가 하나 생길 때마다 감옥이 하나 줄어들 거라고 했단다. 그러나 얼마 안 있어 학교가 하나 생김에 따라 감옥도 같이 하나 생기는 것을 깨달아야 했단다. 그렇다면 대한민국의 현실은? 학교 자체가 감옥인지도 모른다. 창살 없는 감옥.

주어진 운명에 대적하는 사람들

『첫날밤 이야기』 박정애 지음 | 단비

박정애는 이야기꾼이다. 그에게 이야기는 세상 도처에 떠도는 것이다. 그는 자신이 실제로 목격하거나 책에서 읽은 이야기, 혹은 남에게서 들은 이야기를 수습해 내놓는다. 그가 잘 수습한 이야기, 그게 그의 소설이다.

흔히 이야기는 구술 문화 시대의 유산이고 소설은 문자 시대의 유산이라 말한다. 그러나 박정애는 이야기를 소설로 전환하는 데에 아주 능하다. 말하자면 구술 문화와 문자 시대를 넘나들 줄 아는, 구술 문화와 문자 시대의 특성을 잘 아는 작가이다.

그렇다고 그가 아무 이야기나 수습하여 소설로 꾸미는 건 아니다. 그의 이야기에는 세상으로부터 상처받고 고통받으면서도 세상과 대적하여 앞으로 나아가고자 하는 사람 그 자체, 이른바 사람으로서의 밥값을 하는 인물이 나온다. 그런 이야기는 약자들만이 보여 줄 수 있다. 여성과 청소년이 그의 소설의 주요 인물이 되는 건 그들이 사람이라는 동물의 세계에서는 아무래도 약자이기 때문이다.

소설집 『첫날밤 이야기』에는 단편 소설 여섯 편이 담겨 있다. 단편 각각이 다루고 있는 시대적 배경도 다르고 주인공들이 처한 상황도 제가끔 다르

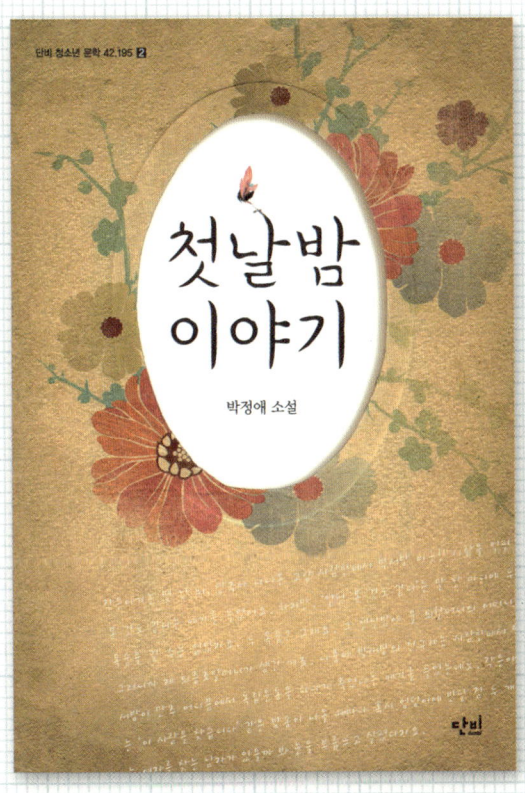

시대적 배경도 다르고, 주인공들이 처한 상황도 제각각이지만 어떻게든 어두운 운명에 지지 않기 위해 노력하는 사람들의 이야기가 담긴 소설집이다.

다. 그의 소설에 등장하는 인물들은 자신이 처한 운명에 자신의 삶을 아무렇게나 내맡기려 하지 않는다. 다시 말하면 자신에게 주어진 운명에 지지 않기 위해 노력하는 사람들이다. 작가는 이런 사람들을 아름답다고 느낀다. 주어진 운명에 대적하는 사람들!

「정오의 희망곡」은 어느 소도시에 사는 중학생 소녀가 라디오에 보내는 사연 형식을 빌린 소설이다. 이 소설에 나오는 아버지의 욕망은 고스란히 딸에게 뒤집어씌워져 있다. 아버지의 욕망 때문에 딸은 그야말로 죽을 맛이다. 어른들 모두 그러지는 않겠지만, 한편으로 지금 이 시대 부모들의 전형적인 모습처럼 여겨진다.

표제작인 「첫날밤 이야기」는 제목만으로도 엉뚱한 상상을 하게 한다. 양반가로 일찌감치 시집을 가서 거의 머슴처럼 일만 하며 지내지만, 친정아버지에게도 시아버지에게도 할 말은 하고 마는 당돌한 성격의 며늘아기 이야기이다. 그런 까닭에 친정과 시댁 양쪽 집에서 근심거리 취급을 당하지만 세상에 맞춰 누구보다 선구적으로 제 살길을 뚫은 당찬 여성이다.

겨우 열두 살 나이에 시집가라는 친정아버지 앞에서 목에 손가락을 집어넣어 먹은 것을 토해 내며 그간 키워 준 것 다 토해 내겠다고 저항하는 모습. 어린 나이에 시집가서도 손윗동서들과 합심하여 공연 구경을 하고 와서, 시아버지의 호통에 맞서는 모습. 그의 모습은 모두 '당돌' 그 자체이다. 지금 보면 별거 아닌 것 같지만 당시 약자인 여성들의 저항은 처절했다.

신랑이 독립만세운동을 벌이고 쫓겨 돌아온 날 밤, 비로소 그를 남자로 느끼며 마침내 첫날밤을 치른다. 그러나 그 첫날밤이 마지막 밤이다. 새벽에 신랑은 도망가고 없다. 그 이후 신랑이 죽었는지 살았는지 모른다. 지금 이 이야기를 들려주는 어린 화자에게도 옛날 당찼던 할머니의 피가 이어지고 있다. 삶은 그렇게 지속되는 것이다.

작가는 이 단편 소설집에 나오는 등장인물들 가운데 가장 가여운 이는

「젖과 독」의 세자일 것이라고 말한다. 그는 조선 시대에 왕의 장자로 태어나 억지 춘향 격으로 세자 노릇을 한다. 그러나 거기서 벗어날 방도는 없다. 억지로 "공자 왈" "맹자 왈" 하며 숨 막히는 궁중 법도와 질서를 익혀야 하는 어린 세자. 왕세자의 모습에 억지로 학교생활을 해야 하는 지금 청소년들의 모습이 겹쳐진다.

단편 하나하나에서 작가는 '상황이나 조건이 어떻든 부단히 삶을 밀고 나아간다는 것, 사람으로 태어난 값을 하려는 그 몸과 마음의 수고가 얼마나 아름답고 위대한지'를 말하고자 한다. 그는 그런 몸짓을 '아름다움'이라 부른다.

 ## 착하게 살자!

『내가 가장 착해질 때』 서정홍 지음 | 나라말

　근육질 몸에, 짧은 머리를 무스로 바짝 세운 사내의 팔뚝에 파란 잉크로 '차카게 살자'는 문신이 새겨져 있는 걸 본 적이 있는지? 그런 사람은 아마도(모르긴 몰라도) '착하지 않은' 일을 하며 살고 있을 것이다. 튼튼한 몸을 놀려 노동을 하지 않고 힘으로, 주먹으로 남을 누르며 사는 일은 스스로도 착하지 않은 일이란 걸 안다. 그래서 그런 문구를 새겼을 것이다. 그러기에 그 문구는 착하지 않은 사람들끼리 연대 의식을 갖게 하고 동시에 그들의 행위를 정당화해 죄의식을 더는 데 한몫할 것이다.
　시집『내가 가장 착해질 때』에 등장하는 인물들은 굳이 그런 문구를 팔뚝에 새기지 않아도 '착할 수밖에 없는' 사람들이다. 이름 하여 농투성이.
　이 시집에 나오는 인물들은 거개가 농촌에 살며 농사를 짓는 농부들이다. 그런데 농부들이 너무 늙었다. 대부분 오늘 갈지 내일 갈지 모르는 분들이다. 그들은 그 나이가 되도록 한평생 땅만 들여다보며 그야말로 '착하게' 살았다.
　그런데 그들이 착하게 산 대가는 그리 좋지 않다. 그것이 작금의 농촌 현실이다. 그런데도 지은이는 여전히 그들을 가장 착하게 보며 스스로도 저절

서정홍 시인이 산이 좋아 산자락에 보금자리를 튼 뒤, 직접 밭을 일구고 농작물을 돌보며 얻은 생생한 경험과 생각들이 자연스럽게 녹아 있다.

로 착해질 때를 다음과 같이 노래한다.

>이랑을 만들고
>흙을 만지며
>씨를 뿌릴 때

― 「내가 가장 착해질 때」

농부들은 평생 동안 흙을 만지며 살았다. 지은이는 흙을 만지며 산 이는 착해질 수밖에 없다고 여긴다.

시가 언어 자체의 논리보다는 삶의 논리에 충실하면 굳이 어려울 이유가 없다. 시가 어려운 것은 역설적으로 삶의 어려움을 겪어 보지 않았기 때문인지도 모른다. 그래서 지은이는 이렇게 말한다.

>시인이란
>쉬운 걸
>어렵게 쓰는 사람이 아니라
>어려운 걸
>쉽게 쓰는 사람이다.

― 「시인이란」

시를 어렵게 쓰는 시인들은 시를 쓰기 전에 농사일 같은 노동을 해 보지 않았을 것이다. 그들에겐 시를 만드는 언어유희가 가장 큰 노동이었는지도 모른다. 그래서 시를 어렵게 '지을' 것이다. 지은이는 시를 쓰다가 시간이 나면 여기로 농사를 짓는 게 아니라, 농사를 짓는 농부의 삶을 전적으로 살면서 저녁에 지친 몸을 누이기 전에 낮에 느낀 걸 끼적여 둔다. 그의 눈에는 농사 일 가운데 시가 아닌 것이 없다. 그는 생명을 가꾸는 일은 모두 시라고 생각한다. 그런 그이기에 농부들은 굳이 문자로 시를 쓰지 않아도 모두 훌륭한 시인이라고 여긴다.

도시와 농촌의 삶을 비교할 때 곧잘 들먹이는 말이 하나 있다. "산골짝에 있는 눈이 다 녹으면 어떻게 되는가?"에 대한 대답을 들어 보면 도시 아이인지 시골 아이인지 알 수 있다. 도시 아이들은 책에서 배운 대로 눈은 물의 다른 형태이니까 눈이 녹으면 물이 되고, 그러면 계곡에 물이 불어날 것이고, 물이 불어나면 어쩌고저쩌고 대답한단다. 하지만 산을 끼고 사는 농촌 아이들은 그렇게 복잡하게 생각하지 않는단다. 단번에 "산골짝에 눈이 녹으면 봄이 오고, 봄이 오면 밭에 씨앗을 뿌려야지요!" 하고 말한다.

도시 아이들은 눈을 자신이 아는 지식으로 판단하지만 농촌 아이들은 자신들의 삶 속에서 판단한다. 따라서 어릴 때부터 눈 녹은 밭에 씨앗을 뿌리며 살아온 늙은 농부들의 삶은 착할 수밖에 없다. 나아가 그런 삶이 담겨 있는 시집도 착할 수밖에 없다. 그 속에 담긴 시들은 복잡한 언어 놀음에서 벗어나, 어렵지 않다. 지은이가 착하고 싶어 아예 시골로 들어가 농사를 지으며 산 지 여러 해다. 시는 곧 그의 삶이다.

평등 세상을 꿈꾸며 산으로 간 사람들

『지리산 소년병』 김하늘 지음 | 별숲

전쟁은 무조건 악(惡)이다. 어떤 경우든 좋은 전쟁이란 없다. 힘 있는 나라들은 걸핏하면 "전쟁 불사!"를 외친다. 객관적인 선악을 따지기 전에 자기 나라만이 옳고 상대 나라는 나쁘기에 전쟁을 통해 응징을 해야 한다고 주장한다. 그것이 국가에 도움이 된다고 주장한다. 이른바 국익이다. 전쟁을 오로지 국익에 도움이 되느냐, 되지 않느냐로 판단한다. 선악이 기준이 아니다.

전쟁을 좋아하는 이들, 이름 하여 호전주의자이다. 대다수 사람들은 그들의 선동에 넘어간다. 하루하루가 살기 어려운데 그깟 전쟁이 대수랴 싶다. 하지만 전쟁은, 전쟁 불사를 외친 호전주의자들이 하는 게 아니다. 힘없는 민중들이 한다. 전쟁터에 힘 있는 이들은 가지 않는다. 그들은 입으로 전쟁을 한다. 언제나 희생하는 이는 전쟁 당사국의 힘없는 민중들이다.

'전쟁'의 반대말은 '평화'가 아니라 '일상'이라는 말이 있다. 평화는 일상을 누리는 것이다. 전쟁은 일상을 누리지 못하게 한다. 비상 상황이다. 예사롭지 않은 상황인 것이다. 나라 간의 전쟁도 끔찍하고 원통스러운 일인데, 우리 민족은 같은 땅덩이에서 동포끼리 총질을 하며 목숨을 빼앗는 전쟁질을 한 적이 있다. 그렇다. 전쟁'질'이다. 어떤 말을 붙이든 정당화될 수 없는 전쟁'질'이었다. 도둑질, 난봉질, 서방질, 염장질 할 때의 그 '질'······.

6·25 전쟁이 한창이던 1950년대 초반을 배경으로 남한과 북한이 추구하는 정치 이념을 균형 있게 비판하면서, 그 시대를 살아간 민초들의 뜨겁고 피눈물 나는 삶을 담아냈다.

『지리산 소년병』은 같은 동포끼리 전쟁질을 한, 이른바 6·25 전쟁이 벌어진 1950년대 초반 무렵을 다룬 소설이다. 형을 따라 열네 살 어린 나이에 지리산으로 들어가서 이른바 빨치산이 된 '기주'의 이야기이다. 기주는 부모를 일찍 여의었다. 그가 의지해야 할 이는 머슴살이를 하다가 산으로 간 형뿐이다. 형이 생각하기에도 동생은 너무 어렸다. 그래서 어린 동생에게 유일한 피붙이인 고모 집에 가 있으라고 했지만, 기주는 고모 집의 눈칫밥을 견딜 수 없어 결국 형을 따라 지리산으로 가게 된다.

지리산에서 인민유격대, 즉 빨치산으로 지낸 이들의 삶은 이미 소설 『태백산맥』 등을 통해 익히 알고 있는 바와 같다. 이 소설에서 눈여겨볼 대목은 전쟁을 쉬는 휴전 협정을 할 때의 남북 태도이다.

휴전 협정 때 지리산에 있는 이들을 어떻게 해야 할지, 그 부분에 대해선 남북 모두 말조차 꺼내지 않았다. 남쪽 시각으로 보면 '빨갱이'들이라 받고 싶지 않아서 그랬고, 북쪽 시각으로 보면 자본주의에 물든 사람들이고 전쟁에서도 그다지 혁혁한 공을 세운 게 없어 모르쇠 한 것이리라. 결국 이들은 지리산에서 죽어야 하는 운명에 빠지고 만다. 1980년대 이후 소설에서나마 그들을 부르며 신원해 주지 않았다면, 그들은 죽어서까지 영원히 지리산에 갇혀 있어야 했다. 빨치산의 처지는 현실 구조에서 살 만한 사람이 아니었다. 어쩌면 현실과 전쟁에서 모두 쫓겨 간 사람들이다.

오래전 신동엽 시인은 그의 시 「진달래 산천」에서 "기다림에 지친 사람들은/산으로 갔어요"라고 노래한 바 있다. 사람들이 기다린 건 무얼까? 여러 가지로 해석할 수 있겠지만 '평등 세상'도 답 가운데 하나일 것이다. 이건 나만의 생각일까?

# 피할 수 없는 현실, 외면할 수 없는 역사

『거대한 뿌리』 김중미 지음 | 검둥소

(……) 역사는 아무리

더러운 역사라도 좋다

진창은 아무리 더러운 진창이라도 좋다

나에게 놋주발보다도 더 쨍쨍 울리는 추억이

있는 한 인간은 영원하고 사랑도 그렇다

일찍이 김수영 시인은 「거대한 뿌리」에서 이렇게 노래했다. 김중미의 장편 소설 『거대한 뿌리』는 김수영 시인의 시 제목에서 빌려 왔다. 제목이 같다는 건 시인이 노래한 내용의 주제와 소설가의 심정이 맞아떨어진다는 얘기이다. 곽재구 시인의 시 「사평역에서」를 실마리로 임철우 소설가의 소설 『사평역』 (사이엔스21)이 탄생했듯이…….

소설 『거대한 뿌리』의 주요 배경은 동두천이다. 동두천은 미군 부대가 자리 잡아 주민들 대부분의 호구지책도 모두 미군 기지와 직간접적으로 연결되어 있다. 가장 많이 관련된 게 이른바 '양공주'라 불리는 기지촌 사람들의 세계이다.

혼혈아 차별 문제와 이주 노동자 문제를 교차시켜 우리 사회의 자화상을 그려 낸 작품으로, 작가의 자전적 체험이 소설의 바탕이 되었다.

미군을 상대한 그들은 자연스레 혼혈아를 낳는다. 그러나 혼혈아가 살기에 동두천은 마땅치 않다. 사람들은 미제를 좋아하지만, 유전자의 절반이 미제인 혼혈아는 좋아하지 않는다는 혼혈아 '재민'의 말이 가슴을 친다.

다들 동두천의 현실이 지겹지만 혼혈아들은 동두천을 떠나지 못한다. 그런 동두천을 두고 김명인 시인은 일찌감치 시 「동두천 4」에서 이렇게 노래했다.

(……)
그래 너는 아메리카로 갔어야 했다
국어로는 아름다운 나라 미국 네 모습이 주눅들 리 없는 합중국이고
우리들은 제 상처에도 아플 줄 모르는 단일 민족
이 피 가름 억센 단군의 한 핏줄 바보같이
가시같이 어째서 너는 남아 우리들의 상처를
함부로 쑤시느냐 몸을 팔면서
침을 뱉느냐 더러운 그리움으로
배고픔 많다던 동두천 그런 둘레나 아직도 맴도느냐
혼혈아야 내가 국어를 가르쳤던 아이야

김명인 시인이 교사로시 국어를 가르진 혼혈아. 그가 「농누천 4」에서 그린 모습이나 김중미가 『거대한 뿌리』에서 그린 동두천의 모습이 다르지 않다. 김수영은 1960년대에 이미 "역사는 아무리 더러운 역사라도 좋다"라고 했지만, 분단 한반도의 상황에서 비롯된 역사는 그다지 좋을 리 없다. 그렇다고 피할 수도 없고, 외면할 수도 없는 현실과 역사이다.

『거대한 뿌리』는 네팔인 이주 노동자의 아기를 가진 '정아'와 소설 속의 화자가 재회한 것을 계기로 화자가 성장했던 동두천을 떠올리며 이야기가

시작된다. 이야기는 과거와 현재의 시점이 교차된다. 과거 성장기 때 동두천 미군 기지촌에서 만난 뭇 사람들. 현재는 외국인 이주 노동자들과 그를 사랑하여 아기까지 가진 아가씨, 그리고 동두천을 찾아가는 화자. 이들을 엮는 것은 이른바 '아메리칸 드림'을 꿈꾸었던 대한민국 사람들과 '코리안 드림'을 꿈꾸며 이 땅에 건너온 동남아 사람들이다. 그러나 현실은 꿈이 얼마나 허상인가 하는 것만 알게 해 준다.

사람들이 꿈꾼 것과 상관없이 아이는 태어난다. 이른바 튀기라는 혼혈아! 김수영 시인은 "나에게 놋주발보다도 더 쩽쩽 울리는 추억이/있는 한 인간은 영원하고 사랑도 그렇다"라고 노래했지만, 대한민국은 사랑으로 태어난 혼혈아가 맘껏 살 수 있는 땅이 아니다. 그래서 김명인 시인은 "그래 너는 아메리카로 갔어야 했다"라고 했을 것이다. 하지만 그들이 아메리카로 갔다고 해서 대접을 받았을까?

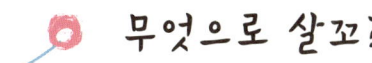# 무엇으로 살꼬?

『공사장의 피아니스트』 나윤아 지음 | 뜨인돌

　어른, 아이 할 것 없이 생존 경쟁에 빠져 있다. 어른들은 경제 문제로 살기 힘들어하고, 아이들은 공부 때문에 살기 힘들어한다. 어른들이 자살하는 것은 그렇다 치고 아이들이 인생을 다 산 어른들처럼 자살한다는 건 서글프다.
　아이들의 자살은, 한참 꽃필 나이에 스스로 삶의 궤도에서 이탈하여 '생존'을 마감하는 일이다. 그럼 이제 막 인생을 시작한 이들이 왜 자살이라는 극단적인 선택을 할까? 많은 아이들이 더 이상 '경쟁'하며 살고 싶지 않은 탓에 자살을 택한다. 물론 이때의 경쟁은 자신과의 싸움이 아니라 남을 짓밟고 올라서야 하는 것이다.
　어른의 문제는 곧 아이의 문제라는 게 평소 나의 지론이다. 아이들만 따로 무균 상태에서 사는 게 아니라는 뜻이다. 그럼 청소년은? 청소년은 아이와 어른의 중간에 낀 '종족'으로 양쪽의 장점을 누리고 사는 게 아니라, 양쪽의 단점을 고스란히 안고 산다. 알 만한 나이이기에 더욱 그렇다!
　『공사장의 피아니스트』를 보면서도 이 생각이 떠나질 않았다. 차라리 세상 물정 모르는 아이 같으면 되는 대로 굴며 막 살아 버려도 자의식이 아직

자기 마음과 다른 선택을 해야 하는 고3 청춘들의 이야기. 우리나라 십대들의 답답한 현실과 갈등, 그리고 그 안에 숨어 있는 희망이 절묘하게 조합된 성장소설이다.

옅어 갈등이 덜하다. 그러나 고등학생쯤 되면 그렇지 않다. 세상의 문제, 가정의 문제가 곧 자신의 문제인 걸 절절히 느낀다. 그러니 막 살 수 없다.

이 소설엔 막 살고 싶어도 그러지 못하는 어린 청춘 '고딩'들의 이야기가 펼쳐진다. 이미 막 살아 버릴 수 없는 무시무시한 나이를 먹은 것이다(어른들은 철들었다고 일방적으로 좋아하겠지만!). 그러나 그들은 궤도에서 이탈하여 막 살고 싶다. 사실 그 궤도는 어른들, 특히 부모와 교사들이 정해 놓은 것이다. 정작 당사자인 자식이나 제자의 의견을 들어 정한 것이 아니다.

수지는 엄마의 뜻에 따라 연기자가 아니라 피아니스트가 되어야 하고, 혜영이는 작가가 아니라 약사가 되어야 한다. 역설적으로 가장 자유로운 이는 부모가 없는 박하이다. 박하는 자신이 좋아하는 것을 할 수 있다. 박하는 부모 간섭을 받지 않기 때문이다.

부모는 그런 존재이다. 먹여 주고 재워 주며 육체적 성장을 하게 해 주면서 자녀들이 무슨 생각을 하는지 내면을 들여다볼 생각은 하지 않는다. 오로지 "내가 너를 어떻게 키웠는데!" 하며 스스로의 가슴을 친다. 그러나 가만히 생각해 보면 그건 교육이 아니라 사육이다.

마침내 수지와 혜영이도 자신이 하고 싶은 걸 하겠다는 고집과 선언으로 자유로움을 찾는다. 소설 어법으로 볼 때는 약간 도식적이지만 이 소설을 읽는 어린 청춘들은 환호작약(歡呼雀躍)할 것이다. 십대들의 일상을 잘 들여다보고, 하고 싶은 말을 작가가 대신해 주고 있으니까.

"그렇게 힘든데도 마음이 간다는 건 결국 좋아한다는 거 아냐?"라는 박하의 말에 혜영은 힘을 얻는다. 이 말이 혜영에게 울림이 컸던 건 박하가 힘든 상황 속에서도 자신이 하고 싶은 걸 하면서 살기 때문이다.

가능하다면, 누구든 좋아하는 걸 하면서 평생을 살아야 한다. 억지 춘향 격으로 기나긴 생을 살아선 안 된다. 그러려면 부모들이 자신의 뜻을 자녀들에게 뒤집어씌워선 안 된다. 물론 어른 자리에 있으면 쉬운 일이 아니다. 나도 잘 안 된다. 하지만 "너도 살아 봐라. 내가 왜 이런 말을 하는지······." 류의 말은 안 하려고 애쓴다.

아직 살아갈 날이 살아온 날보다 더 많은 청소년. 그들은 자신이 좋아하는 것을 하며 살기 시작해야 한다. 그럴 수 없을 때 죽고 싶다. 그건 사는 게 아니라 견디는 것이다. 이 땅의 청소년들이 견디는 게 아니라 제대로 숨 쉬며 살 수 있기를 바란다.

평화는 일상을 누리는 것

『갈색 아침』 프랑크 파블로프 지음 | 레오니트 시멜코프 그림
해바라기 프로젝트 옮김 | 휴먼어린이

전쟁의 반대말은 평화가 아니라 일상이라는 말이 있다. 일상을 누리는 것, 그게 평화이다. 일상이란 밥 먹고 옷 입고 노는 일 같은 것 전부를 말한다. 그런데 그런 것을 누가 조종한다면 무척 혼란스럽고 우스꽝스러울 것이다. 보통 사람들이 원하는 일상은 거창한 것이 아니다. 자기가 좋아하는 옷을 입고, 자기가 좋아하는 색의 개나 고양이를 기르고, 자기가 좋아하는 일을 하며 사는 것이다. 그런데 나라에서 각자의 개성을 무시하는 법을 만들어 시행한다면 어떨까?

어느 날 갑자기 옷 색깔을 정부에서 지정해 주며 그 색깔인 옷만 입으라고 하고, 머리 길이며 치마 길이 등을 정해 주며 그 기준에서 벗어난 차림을 한 사람은 모두 처벌한다면 어떤 기분이 들까? 모르긴 몰라도 어이없어하며 숨이 막혀 죽을 지경이라고 아우성을 칠 것이다.

실제로 우리나라에서 그런 일이 있었다. 머리 길이와 치마 길이 따위를 정부에서 정하고 그걸 지키지 않으면 처벌했다. 필자가 젊었을 때 벌어졌던 일이니 아주 오래전 일도 아니다. 그때 남자들은 머리가 귀를 덮어도 안 되

국가 권력의 불의를 보고도 침묵하면 비극적인 상황에 부딪힌다는 사실, 일상을 지키는 일이 곧 민주주의를 지키는 일이라는 사실을 보여 준다.

었고, 뒷머리가 목 옷깃까지 내려와도 안 되었다. 그리고 여자들은 무릎 위로 15cm 이상 올라간 짧은 치마를 입으면 안 되었다. 거리에서는 경찰이 단속을 했다. 그래서 경찰이 보이면 단속을 피하려고 도망치는 젊은이가 많았다. 그때 송창식이 부른 노래 중에 〈왜 불러〉라는 노래가 있었는데 그 노래는 금지곡이 되고 말았다. 흔한 '사랑 타령' 계열의 노래였지만 경찰이 단속을 하기 위해 부르는데 못 들은 척하며 달아나는 걸 빗댄 노래라고 우기는 바람에 금지곡이 된 것이다.

그런 일은 개성을 죽이는 일이기도 하지만, 무엇보다도 비정상적인 일이다. 비정상적인 일은 일상적인 일이 아니다.

『갈색 아침』은 어느 날 갑자기 일상을 못 누리게 된, 비정상적인 일이 일어나서 사람들이 당황하는 모습을 그렸다. 오로지 갈색 털을 가진 고양이나 개만 길러야 한다는 법이 생겨나면서 벌어지는 일을 이야기한다. 갈색 고양이만 남기고 다 죽여야 한다는 법이 생겼고, 이어 갈색 개만 남기고 다 죽여야 한다는 법이 생겼다. 어이없고 황당무계한 일이다. 그러나 독재자들은 권력을 유시하기 위해 사람들이 생각하지 못한 일을 생각해 낸다. 사람들의 평안한 일상을 깨뜨리는 것이다. 고양이의 털이 갈색이 아니라고 해서 고양이가 아닌 게 아니다. 하얀색을 가졌든 얼룩무늬를 가졌든 똑같은 고양이이다. 그런데 갈색이 아니면 죽어야 한다. 개도 마찬가지이다.

독재 정부가 그렇게 하는 이유는 뭘까? 일반 시민들에게 공포감을 불어넣어서 자기네들 입맛에 맞게 마음대로 주무르기 위해서이다. 그 결과 신문 이름에도 갈색이 들어가야 한다. 사람들은 커피를 주문할 때도 "갈색 커피 한 잔 주세요." 하고 자기도 모르게 말하게 된다. 마침내 모든 말에 '갈색'이라는 말을 붙이게 되었다. 경마장에서 우승을 한 말도 우연이겠지만 갈색이다. 사람들은 어느 순간 갈색 법에 대해 걱정을 하지 않게 되었다. 정부가 모든 동물과 사물이 갈색이어야 한다고 발표한 것에 대해 되레 고개를 끄덕이

게 된다.

하지만 독재 정부는 그 정도에서 그치지 않는다. 사람들의 과거까지 들추고자 한다. 사람들은 이제 예전에 키우던 동물의 색깔이 갈색이 아니었다면 그것도 죄가 되어 처벌을 받아야 한다. 라디오에선 갈색이 아닌 개나 고양이를 기른 적이 있다면 법을 어긴 정도가 아니라, '국가 반역죄'에 해당된다고 떠들어 댄다. 그럼 과거에 갈색 아닌 짐승을 기른 것을 어떻게 알까? 독재 정부는 그런 사실을 알기 위해 이웃들을 조사한다. 이웃은 이웃의 사정을 잘 알 테니. 이웃은 정부의 방침에 따르느라 사실대로 말한다. 독재 정부는 갈색 아닌 짐승을 기른 적이 있다는 걸 밝혀내면 그 가족 모두를 처벌한다. 어이없지 않은가.

이 대목에서 유태인을 박해했던 독일 독재 정권인 나치 치하를 산 마르틴 니묄러라는 신학자의 시가 떠오른다.

나치가 유대인을 잡아갈 때
나는 유대인이 아니어서 모른 체했고

나치가 가톨릭을 박해할 때
나는 가톨릭 신자가 아니어서 모른 체했고

나지가 사회민주당원을 가둘 때
나는 당원이 아니어서 모른 체했고

나치가 노동조합원을 잡아갈 때
나는 조합원이 아니어서 모른 체했지

그들이 막상 내 집 문 앞에 들이닥쳤을 때
나를 위해 말해주는 사람이
하나도 남지 않았다

남이 박해를 당할 때 모른 체하며 침묵하면 결국은 나에게도 박해가 가해진다는 내용이다. 하지만 그때는 이미 나를 위해 말 한마디 해 줄 사람이 없다. 그러니까 생각 깊은 사람들은 독재자들이 못살게 굴면 침묵하지 않고 저항한다. 독재자들에게 이렇게 생각 있는 사람들은 아주 성가신 존재이다. 그래서 독재자들은 평범한 사람들을 좋아한다. 자기네들 손발처럼 부릴 수 있는 사람 말이다.

나치 학살의 주범이었던 아이히만이라는 사람도 이런 사람에 속했다. 아이히만은 아주 평범하고 성실하기 짝이 없는 이웃집 아저씨 같은 사람이었다. 그런 그가 어떻게 어마어마한 학살 주범이 되어 재판을 받게 되었을까? 그는 아무 생각 없이 조직의 명령에만 따랐다. 자기가 생각의 주체가 되어 판단하지 않은 것이다. 그러니 소신 있게 말할 수도 없었다. 그가 한 번이라도 자기 스스로 생각하고 "이건 아니야."라고 말했다면 독재 정부 나치의 손발이 되지 않았을 것이다.

실제로 갈색은 나치 친위대의 제복 색깔이기도 했다. 2002년 프랑스 대통령 선거에서 나치를 옹호하고 인종 차별을 지지한 극우파 후보 장마리 르펜이 결선 투표에 진출할 정도로 기염을 토했지만 이 책 『갈색 아침』 때문에 무릎을 꿇은 적이 있다. 당시 사람들은 이를 '갈색 아침 현상'이라 했다.

『갈색 아침』에 들어 있는 일화는 단순해 보이지만, 단순하지 않은 여러 가지를 생각하게 해 준다. 무엇보다도 일상이 깨지는 것은 곧 평화가 깨진다는 의미를 새기게 해 준다. 평화를 깨뜨리는 건 나라끼리 벌이는 전쟁만이 아니다. 독재 정부도 사람들의 평화를 깨뜨린다. 지키기 어려운, 아니 지킬 필요가 없는 악법을 만들어서 그걸 시행하며 사람들에게 따르도록 억지로 강요한다. 사람들은 처음엔 남의 일로 받아들인다. 하지만 곧 자신의 일로 닥친다. 그뿐만이 아니다. 자신의 옛일과 가족들도 옭아맨다.

독재자가 있는 독재 정부는 일상을 못 누리게 한다. 평화를 깨뜨리는 것이다. 그럼 일상을 온전히 누리기 위해서는 어떻게 해야 할까? 독재자는 자기들이 다스리기 편하게 모든 사람이 똑같아지기를 원한다. 그럼 개성 있게 살기 위해 어떻게 해야 할까? 『갈색 아침』을 읽고 나면 누구든 독재 정부가 왜 나쁜 건지 알게 될 것이다…….

글을 써서 당한 아픔,
글을 써야 씻긴다!

『멋지기 때문에 놀러 왔지』 설흔 지음 | 창비

이옥은 조선의 문장가를 들먹일 때면 빠지지 않고 등장하는 인물이다. 그가 그렇게 된 것은 뭐니뭐니해도 뛰어난 글솜씨에 기인한 까닭이 크겠으나, 그의 글에 대해 끊임없이 폄하와 학대를 한 정조의 공도 적지 않다.

『열하일기』로 잘 알려진 박지원을 비롯해 이 책의 주인공 김려와 이옥 등이 이른바 '학자 군주' 정조의 문체 검열에 걸려들었다. 정조에게 글은 왕권을 지키는 수단이었다. 그래서 문인들의 문장까지 간섭하며 문체반정을 일으킨 것이다. "내가 공부해 봐서 아는데……."가 정조의 병통이었다. 차라리 공부를 안 해 봤으면 좋았을지 모른다. 우리 시대의 누구도 그러지 않는가? 그는 무엇이든 "내가 해 봐서 아는데……."라며 아랫사람들을 다그친다. 어설픈 '앎과 행'은 그 자신은 물론 모두에게 불행이다.

공부를 해 본 정조 처지에선 전통적인(그것도 옛 중국에서 '인증'한) '고문'에 길들여진 문인이 다스리기 편했다. 고문은 왕권 정치의 정당성을 끊임없이 설파하였고, 그러기에 고문의 권위에 아무나 대들 수 없었다. 그러나 이옥을 비롯한 문인들에게 글은 곧 삶이었다. 중국의 고문으로는 당시 조선의 삶을

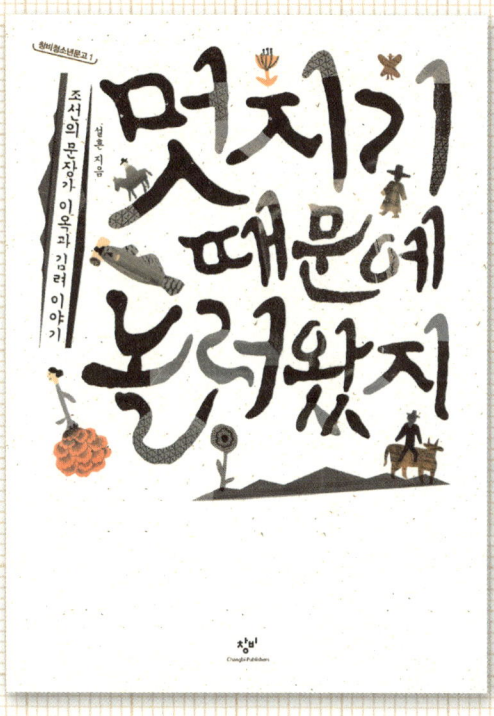

글에 살고 글에 죽던 조선의 두 글생이 이옥과 김려의 우정을 탁월한 상상력으로 되살려 낸 역사 소설이다.

적확히 그려 낼 수가 없었다. 고문은 그저 추상적이고 관념적인 통치 이념과 지배 이념의 설파에 여념이 없었다. 생각이 있는 문인들은 더 이상 다른 나라의 언어 틀에 갇히고 싶지 않았다. 그들에겐 조선의 땅에 맞게 살아 있는 언어가 필요했다. 그들에게 글쓰기는 곧 숨쉬기나 마찬가지였다.

『멋지기 때문에 놀러 왔지』는 바로 정조 임금으로부터 글 때문에 박해를 받은 두 문인의 이야기이다. 김려가 화자로 나오지만 주인공은 이옥이다. 이옥은 아들 이우태를 통해서, 혹은 혼령으로 나오지만 이우태든 혼령이든 앞에 내세우고 나오는 것은 그의 글이다. 이옥의 글이 그렇게 나올 수 있었던 것은 바로 이옥의 글을 알아주는 김려가 있어서이다. 김려 자신도 이옥 못지 않은 박해를 받았지만 자신의 행적을 통해 동무 이옥을 살려 냈다.

이 책은 언뜻 보면 이옥과 김려의 우정담, 혹은 김려의 회고담 내지는 참회록으로 읽히지만 결국은 두 사람이 살았던 시대에 대한 비판서이다. 김려의 유배 과정을 통해 당시 벼슬아치들의 행태를 고스란히 알 수 있고, 이우태의 등장으로 인해 김려의 처지와 당시 세도가들의 행태를 알 수 있다.

이 책의 미덕은 이옥의 글과 김려의 행적을 씨줄 날줄로 해서 두 사람의 우정과 당시의 시대상을 알게 한 것이다. 반면 김려의 내면을 들여다볼 수 있는 장치가 자연스럽지 않아 작가의 목소리가 거의 날것으로 드러나는 점은 아쉬운 대목이다.

하지만 이 책은 애초에 소설이 아닌 이야기를 표방한 까닭에 작가의 목소리가 날것으로 드러난다 해서 책의 가치가 많이 깎이지는 않는다. 이야기는 이야기를 들려 주는 사람이 언제든 이야기에 끼어들어 간섭을 할 수 있기 때문이다. 그런 까닭에 이우태를 전기수로 설정한 것이나, 말년의 이옥 또한 전기수로 설정한 것은 의미심장하다. 이옥은 자신의 글이 가져온 수난을 피해 전기수가 되었고, 이우태는 전기수가 되었기 때문에 수난을 피할 수 없었다. 이야기는 곧 그것을 전파하는 사람의 운명도 가른다.

김려를 통해 말하는 이옥의 글에 대한 자세는, 삶의 원리 그 자체이다. 이옥에게 글은 곧 그 자신이었던 것이다. 글로 생긴 고통은 다시 글로 풀어야 한다. 이는 곧 '땅에서 넘어진 자는 땅을 짚어야 일어날 수 있다'는 불가의 말을 떠올리게 하기도 한다. 글을 써서 받은 아픔은 글을 써야 씻긴다!

벌레만도 못한 인간들!

『벌레들』 강기희·이성아·홍명진·최용탁·신혜진·이시백·이순원 지음 | 북멘토

2013년 광복절 무렵 어떤 여고생 독자가 물었다. "일제 강점기에 태어났으면 어떤 글을 썼을 것 같아요?" 나는 머뭇거리지 않고 대답했다. "일본의 힘에 붙어 자기 살길만 찾은 조선인. 조선인을 더 못 살게 군 조선인. 그런 조선인을 풍자하고 나무라는 글을 썼겠지요."

그렇다. 나는 조선을 꿀꺽 삼킨 일본인도 밉지만, 일제의 앞잡이 노릇을 한 조선인들이 더 밉다. 일본이 힘 있다고 그 나라에 붙어서 자신의 안위만 도모한 족속들. 지금도 힘 있는 쪽에 붙어서 힘없는 사람들을 못 살게 구는 족속들이 많다.

단편 소설 모음집인 『벌레들』은 일본을 몰아내자고 기치를 처음 올린 동학 혁명에서 시작하여 항일독립운동단체인 '의열단' 이야기로 이어진다. 이어 아직도 이름이 어정쩡한 제주의 '제주 4·3 사건'과, 이른바 '보도연맹 학살 사건'이라 불리는 6·25 전쟁 당시의 양민 학살 사건을 보여 준다. 마침내 유신 독재 정권의 몰락을 예고한 부마항쟁을 거치지만 잽싸게 등장한 군사 독재 정권의 후계자들이 벌인 삼청교육대 사건도 놓치지 않았다. 최근의 역사적 사건으로는 지난 정권의 촛불 집회를 들추어냈다.

수록된 일곱 편의 단편 소설은 우리나라의 민주, 인권, 평화의 주춧돌이 된 근·현대사의 주요한 사건 속 인물 혹은 공간을 배경으로 한다.

역사를 단순히 기록만 하였다면 청소년 독자들이 읽기 어려울지 모른다. 하지만 역사를 소설화시켜 읽기 쉽게 했다. 서양에서 역사를 'history'라 한 까닭을 알게 한다. 역사는 곧 이야기(story)이다. 이야기는 어떤 자리에서 누구의 눈으로 바라보느냐, 나아가 누구의 입으로 말하느냐에 따라 달라진다. 그래서 역사가 'history'일 것이다.

작품을 읽는 내내 조선을 침략한 일본에 붙어 그들의 앞잡이 노릇을 한 조선인과, 힘 있는 권력자 편에 붙어서 그들의 손발 노릇을 하며 역사를 두려워하지 않은 이들이 미웠다. 이 책을 읽고 나면 독자들도 자신이 어디에 서야 하는지를 알게 되리라.

아픈 시대에도 소년은 자라고

『대통령이 죽었다』 박영희 지음 | 실천문학사
『똥깅이』 현기영 지음 | 박재동 그림 | 실천문학사

역사를 길게 보면 앞으로 나아가는 것 같지만, 짧은 단위로 나누어 보면 역사는 늘 뒷걸음질친다. 어렵사리 한 발짝 앞으로 나아갔나 싶으면 금세 두 발짝 뒤로 물러나고, 두 발짝 나아갔나 싶으면 제자리걸음을 하고 있는 것이다. 뒤로 물러나거나 제자리걸음을 할 때마다 절망스럽다. 개인적으론 역사의 진보를 믿지만 지금 당장 눈앞의 현실은 퇴행인 것이다.

작금의 정치·사회·경제 상황을 보라. 지난한 1970~1980년대를 건너온 사람의 눈으로 보면 이미 숱하게 보고 겪은, 너무나 익숙한 광경들이 펼쳐지고 있다. 손에 휴대전화가 들려 있고, 책상에 컴퓨터가 놓였다고 달라진 세상일까? 저 불량한 시대의 보존 가치 없는 유물들이 그간 다 사라졌으리라고 여기진 않았지만, 21세기라는 첨단 시대에 흘러간 시대의 유물들이 이토록 완벽하게 살아날 줄은 몰랐다.

실천문학사에서 청소년 독자를 의식하고 펴내는 '담쟁이 문고' 시리즈에 있는 소설 두 권을 보는 내내 인간은 역사에서 무엇을 배울 것인가를 떠올린 건 너무나 당연한 일이었다. 박영희의 『대통령이 죽었다』와 현기영의 『똥깅이』. 얼핏 보면 두 권 다 개인의 성장담으로 읽힌다. 그러나 사회와 관계를 신문 배달을 하며 겪는 여러 사건을 서술하는 동시에 1970년대 말의 사회, 정치 상황을 제시함으로써 사회적 사건을 보는 눈과 그 사건이 개인의 삶에 어떤 영향을 주는지 말한다.

『지상에 숟가락 하나』의 청소년판으로, 어린 개구쟁이들의 성장기가 비극적인 가족사, 한국 현대사(제주 4·3사건, 6·25 전쟁)의 어두운 면과 겹쳐져 담담하면서도 애잔하게 그려진다.

맺지 않고 홀로 존재하는 개인이 있을 수 있을까?

　개인의 행복과 불행은 결국 그가 속한 사회의 조건 아래에서 결정되는 경우가 많다. 『대통령이 죽었다』의 인물을 보라. 신문 배달을 하는 '고학생'은 왜 그 시기에 학교에 있지 않고 집을 나와 살까? 작품 속에선 1970년대의 정치·사회·경제 상황 자체에 무게를 두지 않고 그저 시대 배경으로 깔았지만, 거기 나오는 인물들이 과연 시대와 무관한 삶을 사는 걸까? 개인이 어찌할 수 없는 커다란 바위 같은 시대의 벽, 사회의 벽! 등장인물들은 그 벽을 마주하고도 자신에게 주어진 몫의 삶을 산다. 열심히 신문 배달을 하고, 검정고시를 준비하며, 우정을 쌓고, 여학생을 두고선 어찌할 수 없는 청춘의 열병을 앓는다. 가난하다고 꿈이 없겠는가? 가난하다고 청춘의 피가 뜨겁지 않겠는가?

　『똥깅이』는 『대통령이 죽었다』에 비해 시대의 조건이 훨씬 더 가혹하게 등장인물의 삶 속에 파고든다. 제주 4·3 사건의 그늘이 드리우지 않은 데가 없기 때문이다. 주변 이웃은 물론 일가붙이들도 제주 4·3 사건의 그늘에서 자유로운 이가 없다. 그러기에 전체적인 작품의 분위기는 아무리 밝은 이야기를 내비쳐도 죽음의 냄새가 걷히지 않는다. 필자도 어린 시절에 개구리를 잡아 죽을 끓여 먹거나 닭 모이로 주기도 했지만 그와 더불어 연상되는 풍경은 '가난'이다. 그런데 『똥깅이』에서는 개구리의 죽음조차도 예사롭지 않다. 뱀을 죽이는 소년의 행위는 거의 광기에 빠져 있다고 해도 지나치지 않다. 왜

그럴까? 바로 개인의 삶이 그가 사는 시대 상황에서 자유롭지 않기 때문이다. 시대 조건은 어린 소년들의 의식조차 자유롭지 못하게 하는 것이다.

두 작품 다 결국은 그런 어려운 과정을 거쳐 한 단계 위로 올라가는 등장인물의 성장을 보여 준다. 어떤 시대를 살든 아이들은 조금씩이나마 자란다는 것을 말하는 것이다. 그러나 자칫 성장 강박증에 걸리면 성장의 모습을 아니 보여 줌만 못할 수도 있다. 성장은 물리적인 시간이 흘렀다고 저절로 되는 것도 아니고, 몸이 자라는 만치 자연스레 되는 것도 아니다. 소설은 태생적으로 성장의 서사를 바탕에 깔지 않을 수 없는데, 이때의 성장은 무엇보다도 한 뼘 더 자란 영혼의 성장이다. 독자는 등장인물이 좌절하거나 패배하는 결말에서도 성장의 징후를 읽어 내는 것이다.

 오월은 봄이다

5·18 민주화 운동의 이야기를 담은 동화와 청소년 소설

    오월은 봄이다. 봄은 겨우내 죽어 있던(죽어 있던 것처럼 보이는) 것들이 다시 기지개를 켜며 생명의 싹을 내미는 계절이다. 자연의 모든 것은 봄을 맞아 다시 살아난다. 이 점은 사람도 똑같다. 사람은 겨울잠을 잘 필요가 없는 동물이지만 다른 생명과 마찬가지로, 봄이 되면 겨울 동안 움츠러들었던 몸이 더욱 활기를 띤다.

    1980년 봄도 그랬다. 사람들은 그 전해에 부하에게 죽음을 당한 대통령 박정희의 유신 시대가 종언을 고하고 새 시대가 펼쳐지길 겨우내 고대했다. 그러나 정국은 사람들이 기대했던 대로 돌아가지 않았다. 이른바 신군부의 등장. 이리 피하니 호랑이가 나타난 꼴이고, 눈 위에 서리까지 내린 꼴이었다.

    광주 사람들 역시 봄을 맞아 새 시대가 펼쳐질 것이라고 잔뜩 기대하고 있었다. 그러나 정국은 전혀 엉뚱하게 흘러갔다. 그 다음은 다들 익히 알고 있는 바와 같다.

    광주의 그해 봄날을 담은 시는 많다. 상과대학 출신의 필자가 글쟁이가 된 계기 가운데 하나도 김준태 시인의 시 「아아 광주여! 우리나라의 십자가여!」와 '오월시' 동인 선배들의 동인지를 보고 충격적인 감동을 받아서였다.

1980년 봄, 대학생으로 광주를 겪기도 했지만, 시인들의 시 또한 내 속에서 울림이 컸다. 처음엔 시로 문단에 나왔기 때문에 당연한 듯이 시를 썼지만 차츰 청소년 문학과 어린이 문학에 관심을 갖고 많이 쓰게 되었다.

오월의 광주를 다루지 못한 동화

동화는 시나 소설에 비해 미약하다 할 만큼 '5·18 민주화 운동'을 조금밖에 다루지 않았다. 이건 어린이 독자를 의식한, 제약 사항이 무척 많은 동화 문학의 특성이기도 하다. 그러나 어른 없이 아이들만 사는 세상이 존재할까? 어른의 문제는 곧 아이의 문제이기도 하다. 그러니 아이들이라고 가정이나 사회의 문제에서 영원히 소외시킬 수는 없다. 이 점을 동화 작가들도 인식하고 있었지만 5·18 민주화 운동은 동화라는 그릇에 담기에는 용량이 너무 컸다. 그래서 그런지 동화에서 다루는 5·18 민주화 운동은 변죽만 울리는 수준이었다.

그간 단편 동화에서는 장문식의 「명순이」, 김향이의 「부처님 일어나세요」, 김남중의 「멈춰버린 시계」, 김옥의 「손바닥에 쓴 글씨」 등이 5·18 민주화 운동을 다루었다. 장편 동화에서는 김남중의 『기찻길 옆 동네』(류충렬 그림, 창비), 박신식의 『아버지의 눈물』(김재홍 그림, 푸른나무)이 있다. 『기찻길 옆 동네』는 이리역 폭발 사건과 광주의 봄을 병치시켜 1980년 광주의 사정을 실감나게 그렸지만 본격적으로 5·18 민주화 운동을 다룬 동화는 아니다. 『아버지의 눈물』은 각각 시민군과 진압군이었던 두 아버지의 이야기로, 아쉽게도 기존의 동화와 같은 발상에 그쳤다. 5·18 민주화 운동을 총체적으로 알기엔 장편 동화에서도 단편 동화와 마찬가지로 아쉬움이 많았다.

장편 동화인 김해원의 『오월의 달리기』(홍정선 그림, 푸른숲주니어)는 5·18 민주화 운동 자체보다는 그 현장을 바라본 소년 명수의 이야기를 다룬다. 명

5·18 당시 가해자와 피해자로 만난 아버지들의 눈물을 지켜보는 초등학생 샛별과 한새의 이야기이다.

전국소년체전에 달리기 대표 선수로 뽑혀 광주에서 합숙 생활을 하게 된 열세 살 아이가 5·18 민주화 운동을 맞닥뜨리는 내용을 다룬다.

수는 달리기를 잘해 전국소년체전의 도 대표로 선발돼 광주에서 합숙을 하던 중 5·18 민주화 운동이 일어나고 전국소년체전도 연기된다는 소식에 좌절한다. 이 이야기를 통해 우리는 한 아이의 꿈이 어떻게 무너지는지, 한 아이의 시선에 폭력이 어떻게 보이는지를 알 수 있다.

'5·18 문학상'에 응모한 동화 역시 광주의 봄을 완전히 그린 것은 없었다. 다만 5·18 민주화 운동 정신에 의거한 작품이 많았다. 단편은 5·18 민주화 운동 후유증을 앓는 이들을 소재로 한 것이 주를 이루었다.

처음으로 작품을 공모한 제1회 '5·18 문학상' 때 동화 부문은 당선작이 없는 대신 우수작을 두 편 뽑았다. 두 편 다 장편이라는 점이 눈에 띄었고, 광주 연고 작가가 아닌(두 작가 모두 경상도 출신!) 점이 이채로웠다. 그런데 장편이지만 두 작품 모두 광주를 정면으로 다루지 않았다. 김남중의 『기찻길 옆 동네』에서 광주를 다룬 만큼도 되지 않았다.

적극적이지 않은 접근 방식

'5·18 문학상' 우수작으로 먼저 출간된 서지선의 『도둑』(김병하 그림, 한겨레아이들)은 전라도와 경상도 사이의 지역감정이 주를 이루는 동화이다. 작가가 어린 시절 살았던 지역을 실제 배경으로 하면서 어려서 들었던 막연한 지역감정의 언사들이 1980년 광주에서도 아마 악의적으로, 나아가 의도적으로 퍼뜨려졌을 거라는 점에 주목했다.

바로 이어 출간된 한정기의 『큰아버지의 봄』(김영진 그림, 한겨레아이들) 역시 '5·18 문학상' 우수작이다. 이 작품은 삼별초의 유적지 진도 용장리를 무대로 하고 있다. 그곳에 사는 경록이는 5·18 민주화 운동을 겪은 뒤 온몸으로 정신병을 앓다 세상을 뜬 큰아버지를 통해 1980년 광주와 그곳 사람들의 정의감을 알게 된다. 경록이는 씻김굿을 통해 큰아버지를 더욱 잘 알게 되며 여러모로 성장하게 된다.

두 작품의 소재나 여운 모두 중요하긴 하다. 하지만 본격적으로 광주를 다루지는 않았다. 어렴풋이 풍문으로 도는 광주 이야기를 다른 이야기에 곁들여 같이 들려주었다. 이러한 이야기 방식은 이후 '5·18 문학상'을 받은 다른 작품에서도 반복되어 나타난다.

'5·18 문학상' 동화 부문 수상작 모음집인 『아빠의 선물』(문귀숙 외 지음, 김대중 그림, 나라말아이들)에는 표제작인 장지혜의 「아빠의 선물」, 문귀숙의 「무궁화꽃이 피었습니다」, 이혜영의 「되찾은 삼촌」 등 동화 세 편이 실려 있다.

「아빠의 선물」은 5·18 민주화 운동을 현장에서 취재했던 사진 기자 아빠 이야기이다. 우연히 아빠의 일기장을 보고서 현장을 진실을 알리려던 아빠의 진심을 알게 된 화자가 한 뼘 더 자라는 이야기 구조이다. 「무궁화 꽃이 피었습니다」는 '무궁화 꽃이 피었습니다'라는 아이들 놀이를 통해 멈추지 않은 총질을 질타한다. 「되찾은 삼촌」은 5·18 민주화 운동 때 아들을 잃고

1977년 이리시(지금의 익산시) 전체를 폐허로 만들었던 이리역 폭발 사건과 5·18 민주화 운동을 배경으로, 그 시대를 꿋꿋하게 살아간 사람들의 이야기를 담았다.

큰아버지의 삶을 통해 1980년 광주를 간접 체험하고, 현재 자신의 삶에서 필요한 가치를 스스로 체득해 가는 열세 살 경록이의 이야기이다.

군인이었던 아들 친구를 아들로 여기고 산 할머니 이야기이다. 세 편 모두 5·18 민주화 운동의 상처를 다루면서 뒤죽박죽 얽히고설킨 역사에 대해 진실이 무엇이냐고 묻고 있다. 2012년도 수상작 이민의「까만콩」은 외삼촌의 입을 빌려 이모라고 부르던 이가 사실은 엄마라는 사실을 알려 주면서 5·18 민주화 운동의 아픔을 형상화시켰지만 이 또한 5·18 민주화 운동의 전모를 알 수 있는 작품은 아니다.

사라진 작가와 출판사의 '자기 검열'

필자는 문단에 나온 이래 시, 소설, 동화, 희곡 등을 통해 줄곧 5·18 민주화 운동을 담아냈다. 5·18 민주화 운동은 내 젊은 날의 상흔, 아니, 내 문학의 밑자리이기 때문이다. 그런데 어른 독자를 대상으로 5·18 민주화 운동을 다룬 작품은 상대적으로 쉽게(?) 발표할 수 있었지만, 아이들을 독자로 한 작품은 그러지 못했다. 특히 그림 동화『아빠의 봄날』(이담 그림, 휴먼어린이)은 더욱 어려웠다. 나의 다른 작품을 많이 출간한 출판사들도 이 그림 동화 원고는 꺼려했다. 그러기에 5·18 민주화 운동이 있은 지 30년이 훌쩍 지난 2011년에야 출간할 수 있었다.

필자 역시 그림 동화를 포함하여 어린이를 독자 대상으로 한 작품에선 광주의 상처도 부분적으로만 다루었다. 일단 첫발을 떼는 게 중요하다고 생각했기 때문이다. 다른 작가들도 마찬가지 생각이었을 것이다. 부분적인 이야기지만 광주에 대해 물꼬가 터지자 5·18 민주화 운동에 대한 동화 작가와 출판사의 '자기 검열'이 점차 없어졌다.

그런 와중에 2013년 초에 필자는 5·18 민주화 운동을 다룬 동화『자전거』(이욱재 그림, 북멘토)를 출간하였다. 무엇보다도『자전거』를 읽는 독자들이 5·18 민주화 운동의 전말을 알 수 있게 하려고 애썼다. 특히 평범한 가정이

5·18 민주화 운동이라는 역사의 물결에 어떻게 휩쓸려 들어가는가를 보여 주고자 했다.

그간 펴낸 필자의 청소년 소설 가운데 오월 광주를 다룬 것은 『너는 스무 살, 아니 만 열아홉 살』(사계절출판사)이 있다. 일반 소설로는 『나를 위한 연구』(사계절출판사)를 펴냈다. 아무래도 어린 독자들에게 오월 광주를 이해시키기가 더 어려웠다. 그렇지만 『너는 스무 살, 아니 만 열아홉 살』에서는 먹고살기에 급급한 생계형 대학생이 죽고, 그 죽음이 가족, 특히 어머니에게 어떤 영향을 끼치는지를 짚어 보았다. 『나를 위한 연구』에 담긴 세 편의 소설에서는 하나같이 5·18 민주화 운동 이후 이 땅에 뿌리를 단단히 내리지 못하고 후유증을 앓는 인물들의 삶을 그렸다.

　최근 들어 5·18 민주화 운동에 대한 조롱이 도를 넘었다. 이미 그 시대를 살아 보지 않은 이들이 더 많다. 살았다 하더라도 애써 외면하며 자신의 행적을 정당화하려는 무리가 많다. 분명 역사 왜곡이다. 하지만 그쪽 이야기에 더 솔깃해하는, 이성을 잃은 이도 많은 것이 현실이다. 어찌 보면 역사가 뒷걸음치고 있는지 모른다. 하지만 역사는 잠시 한두 걸음 뒤로 물러나는 것처럼 보이지만 길게 보면 앞으로 나아간다. 5·18 민주화 운동도 그럴 것이다.

　인간의 이성이라는 것이 얼마나 불합리한 것인지를 저서 『부정변증법』(한길사)에 정리해 놓은 철학자 테오도르 아도르노는 애당초 "아우슈비츠 이후에 서정시를 쓰는 것은 야만이다."라고 했다. 1980년 광주의 오월도 이성을 잃은 무리들에 의해 조종되었다. 작가는 이성을 잃은 이들의 광기를 기록한다. '기록되지 않은 일은 어쩌면 일어나지 않은 것이나 마찬가지'라고 버지니아 울프는 말했다. 그렇다. 기록하지 않으면 모른다. 모르는 정도가 아니라 심하게 왜곡한다. 독자는 역사책을 통해서만 역사를 배우지 않는다. 오히려 문학을 통해 역사적 진실에 더 가깝게 다가갈 수 있다. 동화도 문학이기에 오월의 봄을 기록해야 한다. 동화 속에서 다시 살아나는 봄을 기대한다.

 # 비 내리는 겨울을 좋아하던 시절에 읽은 책

『운수 좋은 날』 현진건 지음 | 애플북스

그 날도 그랬다.

하루 종일 밭에서 할아버지와 바로 밑 남동생과 함께 돌을 주웠다. 그 밭은 집안에서 얼마 전에 어렵게 돈을 만들어 사들인 거였다. 내 어린 시절엔 논 값이 밭 값보다 더 비싸서 밭을 사 논으로 바꾸었다. 우리 고향에선 이런 일을 '밭논 친다'고 했다. 밭을 논으로 만들기 위해 우리는 작은 손수레에 돌을 실어 밭 가장자리로 나르기도 하고, 멱서리에 돌을 담아 옮기기도 했다.

할아버지는 시도 때도 없이, 인정사정없이, 들녘을 훑고 지나가는 겨울바람에도 추운 줄 모르시는 것 같았다. 할아버지는 돌을 줍는 일에 온통 몰두해 땀까지 흘리며 즐겁게 일을 하시는 것 같은데, 나와 동생은 돌 줍는 일을 힘들어하며 몹시 하기 싫어했다. 게다가 손은 추위에 몹시 곱았다. 그러나 우린 아무 소리도 내지 못하고 돌을 주워야 했다.

밭이 논이 되기 위해선 무엇보다도 물을 채울 수 있어야 한다. 그렇게 하려면 돌을 주워내어 돌이 없고 흙만으로 논바닥이 이루어져야 한다. 그래야 물이 아래로 새지 않고 논에 고여 있다.

"큰 돌은 많이 주워냈는디, 아직도 잔돌이 많어. 논엔 맨발로 들어가니께

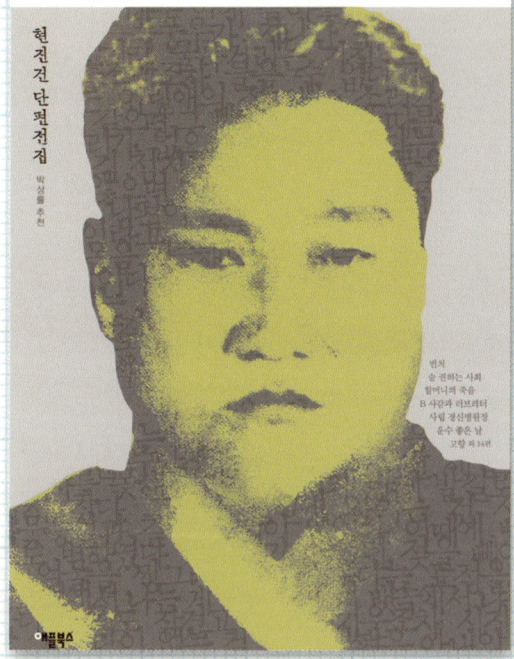

하층민의 비극적인 삶을 사실적으로 그려 낸 현진건 문학 중 대표적인 단편 소설 21편을 수록하였다.

발에 돌부리가 채이면 안 돼야."

돌덩이라고 해야 할 큰 돌은 거의 눈에 띄지 않지만 돌멩이라고 할 자잘한 돌은 아직도 많았다. 물이 차 있는 논엔 신발을 신지 않고 들어간다. 그런 까닭에 잔돌이라도 맨발에 닿으면 아프다. 우린 그런 것을 이미 알고 있지만, 돌 줍는 일이 힘들고 추워 그저 따뜻한 아랫목이 그리울 뿐이었다.

어린 우리에게는 밭이 생겼다는 기쁨이 별로 실감이 나지 않았다. 집안의 어른이신 할아버지는 대표로 신이 나신 것 같았다. 그러지 않고서야 밭을 논으로 만들기 위해서 어린 손주들을 데리고 겨우내 돌을 주워내겠는가.

어른들에겐 밭이 생기고, 그 밭이 당장 봄부터는 쌀농사를 지을 수 있는 논이 된다는 게 기쁨이었는지 모르지만 어린 우리는 그야말로 죽을 맛이었다. 찬바람 부는 들판에서 하루 종일 돌을 줍는 일은 매우 힘든 노동이었다. 초등학교를 마치고 이제 겨우 중학교에 진학했을까, 한 시절이었으니 들일이 얼마나 하기 싫었겠는가.

어서 고된 노동이 끝나고 집으로 돌아가기를 바랐다. 집에 가면 고구마 따위의 먹을거리가 기다리고 있어서 좋기도 했지만 무엇보다도 추운 데서 일을 하지 않게 된다는 것만으로도 즐거웠다. 아, 그리고 엊저녁에 읽다 둔 소설책을 이어서 읽을 수 있어 좋았다!

내가 아버지 서가에서 다섯 권짜리 '한국단편문학전집'을 발견한 때가 그 무렵이었다. 당시 아버지는 시골 학교 교원이었다. 그땐 시골학교마다 돌아다니는 월부 책 장수가 있었다. 책 장수는 시골 학교 교원들에게 온갖 달짝지근한 말을 풀어내 일단 책을 먼저 안기고 월급날 다시 찾아와 그달 치 책값을 받아 갔다. 아마 '한국단편문학전집'도 그렇게 해서 아버지 서가에 꽂히게 되었을 터이다.

어떤 과정을 거쳤든 그 책은 내 차지가 되었다. 많은 책, 특히 역사 소설 따위는 요샛말로 '19금'이어서 아버지는 자식들이 서가의 책 가운데 그런 책을 꺼내 가는 걸 조심스러워하셨다. 그런데 아버지가 아주 건전하게 여기는 '한국단편문학전집'을 꺼내 갔으니, 아버지가 보기에 얼마나 기특했을까!

사실 '한국단편문학전집'의 내용도 만만치 않았다. 스마트폰을 비롯해 온갖 매체에 노출된 아이들에게 그 책은 '시시'한 수준이겠지만, 당시 내겐 미성년자 관람 불가의 온갖 장면이 다 들어 있는 책이었다. 나는 어쩌면 그 책을 통해 인생의 신비(?)를 상당히 많이 알게 되었는지도 모른다. 특히 어른들의 세계를, 나아가 사회를 구성하는 온갖 기제를…….

'한국단편문학전집'은 세로 조판 편집으로, 이미 가로 읽기에 길이 든 나로선 읽기가 무척 힘들었다. 거기엔 김유정, 김동인, 현진건 등의 작품이 실려 있었다. 특히 내 눈길을 끈 작가는 현진건이었다. 우선 제목이 눈에 확 들어왔다. 지금도 잊히지 않는 제목으로는 「빈처」, 「술 권하는 사회」, 「B사감과 러브레터」, 「운수 좋은 날」 등이다. 이들 작품은 제목뿐 아니라 내용도 가슴에 와 닿았다.

'빈처'는 말 그대로 '가난한 아내'인데, 소설 「빈처」를 통해선 안빈낙도뿐만 아니라 타인에게 쉽게 기대지 않는 인간의 고결함을 익혔으며, '빈처'라는 말에 빗대 훗날 어른이 되어선 늘 병을 달고 사는 아내 때문에 '병처'라는 말로 내 처지를 표현하기도 했다. 또 처가 덕에 집도 장만하고 세간도 얻어 쓰면서 돈도 안 되는 글만 끼적거리는 주인공의 모습에 연민과 격려의 감정을 동시에 가지기도 하였다. 장인의 생신날에 입을 옷이 마땅찮은 아내와 살림살이가 넉넉한 처형의 처지를 비교하면서 인간의 '고결함'이 무엇인지를 새겨보기도 했다. 아내는 가난한 살림이지만 속이 편했고, 처형은 잘살지만 속 썩이는 남편에게 급기야 맞기도 한다. 그러나 남편의 뜻을 따라야 하는 처형. 과연 물질이 무엇인지를 묻게 하던 이야기였다.

「술 권하는 사회」에선 일본 유학파 남편과 '무식'한 아내 사이의 의사소통 문제를 잡아냈다. 남편은 자신이 술 먹는 이유를 "이 사회란 것이 내게 술을 권한다오."라고 말하지만 아내는 '사회'가 술을 파는 요릿집 이름인 줄 알고 '그러면 그곳에 안 가면 그만'이라는 취지로 말하던 대목이 아직도 기억난다. 당시 일본에서 만든 '사회'라는 신조어를 아내는 모르고, 남편은 자신이 술 먹는 이유를 사회 탓으로 돌리고……. 지금도 많은 사람이 그러지만, 당시 조선의 시대상을 알 수 있는 대목이다. 일본의 식민지 상황을 거부하지 못하는 지식인. 맨정신으로 살지 못해 매일 술을 마셔야 했던 남편. 남편의 그런 사정을 헤아리지 못하는 아내. 술 마시는 남편과 그걸 이해하지 못하는 아내 사이의 '실랑이'를 통해 당시 사회의 모든 구성원들을 차원 높게 풍자한 소설이기도 했다.

「B사감과 러브레터」를 통해선 근엄한 사감의 표정과 달리 인간이면 나이와 상관없이, 또 직책과 상관없이 누구나 가지고 있을 '원초적 본능'의 서글픔을 알았다. 지금도 그렇지만 학교든 회사든, 기숙사는 귀가 시간을 통제한다. 소설이 쓰이던 무렵엔 편지도 통제의 대상이던 모양이다. 학생들에게 연애편지가 오는 걸 지독히도 싫어하는 B사감. 하지만 학생들의 연애편지를 모아 놓고 자신의 방에서 '연기'해 보는 B사감. 그가 밉다는 느낌보단 '연민'을 느끼게 하던 소설이었다.

「운수 좋은 날」은 가난한 인력거꾼과 그의 아내 이야기이다. 어쩐지 그 날은 손님이 많은 '운수 좋은 날'이었다. 그래서 술까지 마시고 집에 돌아왔는데, (실은 아침에 붙잡던 아내 모습에 귀가 시간을 자꾸 늦추었지만.) 아내는 죽어 있다. 그토록 먹고 싶어 하던 설렁탕도 못 먹어 보고, 설렁탕 또한 손님이 많아 운수가 좋아 샀는데 말이다.

「운수 좋은 날」에선 일반적으로 지지리도 가난한 삶이 무엇인가, 그런 삶도 살아야 하는 이유는 무엇인가 등을 지독한 '역설'과 '아이러니'를 통해서 익혔다.

현진건의 작품을 읽으며 충격을 받은 건 어떤 상황, 어느 처지이든 작가가 의뭉스러울 만치 태연히 묘사해 가는 '역설'과 '아이러니'였다. 어린 마음에도 삶이 힘들다는 건 이미 알고 있었다. 문제는 그런 삶을 어떻게 헤쳐 나가는가 하는 거였다. 그때 현진건의 작품을 읽지 않았다면 청소년기를 훨씬 힘들게 보냈을 것이다. 그의 작품을 읽었기에 작품 속 인물의 삶을 통해 다 살아 보지 않고도 삶의 폭을 훨씬 더 넓혀 넉넉하게 살 수 있었다. 이른바 공감 능력이 생긴 것이다.

역설과 아이러니를 작품 속에 자유자재로 넣은 작가. 우리 삶이 역설이나 아이러니 아닐까? 그는 너무 일찍 왔다. 그래서 그랬는지 일찍 갔다. 나이 40대 초반. 마흔에서 두세 해 더 지나고 그는 세상을 떴다.

그러나 그의 작품은 우리 곁에 남았다. 내가 그를 만났을 때 그는 이미 이 세상 사람이 아니었다. 그러나 그가 남긴 소설 속에서 그를 생생하게 만났다. 일제 강점기 시대를 살고 간 그는 당시로선 일본 유학까지 다녀온 엘리트였지만 「술 권하는 사회」의 아내 같은, 일찍 결혼한 아내를 사는 동안 한 번도 외면하지 않았고, 일제에도 전혀 협력하지 않았던 꼿꼿한 사람이었다.

「운수 좋은 날」에선 시작 부분에 비가 내린다. 그 비는 소설이 끝나도록 내린다. 계절은 겨울쯤인 듯한데, 소설에서 그린 대로 '눈은 아니 오고 얼다가 만 비가 추적추적 내리는 날'이었다. 그런 비는 주인공이 선술집에서 곱빼기로 술을 한잔 더 먹고 나올 때까지 '의연히 추적추적' 내린다. 그래서 지금도 비가 오는 겨울이면 소설 「운수 좋은 날」이 떠오르고, 할아버지와 돌 줍던 밭이 떠오른다.

밭을 논으로 만들기 위해 할아버지랑 부지런히 돌을 주워내던 시절, 그때도 가끔씩 비가 내렸다. 마땅히 눈이 와야 할 계절에 비가 내린 것이다. 날씨가 푸근하면 눈이 비가 되어 내린다. 「운수 좋은 날」에선 비가 역설적인 제목의 배경 역할을 하지만, 나의 현실 세계에선 비가 내리면 '노동'을 하지 않는다. 쉬는 날이다. 지금 돌아보면 참으로 철딱서니 없는 생각이지만, 그 당시엔 비 오는 날은 '공치는' 날로 운수 좋은 날이었다!

내가 고등학교를 진학하기 위해 도회로 가면서 친동생들한테 그 책을 물려주었을 때만 해도 그 책은 집 안에 있었다. 그 뒤 대학생이 되어 집에 가니 그 책의 행방이 묘연했다. 한 마을에 살던 사촌 동생들이 물려받아 새 주인이 되었다는데, 그 뒤로부터는 주인이 또 어떻게 바뀌었는지 알 수 없게 되어 버렸다. 책이 집을 나가 버린 것이다.

나중에 대학의 문예창작학과에서 훈장 노릇을 하며 어떤 작가의 단편을 인용할 때면 자연스레 청소년 때 읽은 내용과 문장이 떠올랐다. 그뿐 아니라 중·고등학교의 국어와 문학 교과서 필자로 참여했을 때도 어떤 작가의 어떤 작품을 들먹일라치면 그때 읽은 내용이 저절로 떠올랐다.

청소년 시절에는 모든 것이 왕성하게, 특히 기억력이 왕성하게 작동한다. 그때는 거꾸로 외운 것도 몸에 평생 남는다. 이 좋은 때, 좋은 소설을 읽어 평생 동안 인간을 이해하고, 나아가 세상을 이해하는 '밑천'으로 쓰면 좋겠다.

내가 어린 날 읽은 '한국단편문학전집'은 글자가 세로로 박혀 있었고, 글자 크기도 아주 작았다. 그런데도 그 책을 읽을 수 있었던 건 '문자'에 대한 경외감이 있어서였을 것이다. 지금처럼 인터넷이나 스마트폰 같은 게 없던 시절이니 책을 읽는 게 유일한 즐거움이었으며, 고된 노동에서 벗어나는 길이었다.

예나 지금이나 문자는 소중하다. 문자를 경외하는 것. 그게 문자 '행위'의 시작이다. 문자 행위를 하는 이는 자기 머리로 생각을 하게 된다. 책의 긴 글을 생각하며 읽는 것이 문자 행위이다. 요새는 인터넷과 스마트폰의 발달로 문자에 대해 경외감이 덜하다. 하지만 진정한 문자 생활은 책을 읽으며 생각하는 것이다. 즐길 것만 찾으며 인터넷과 스마트폰의 문자만 가볍게 훑는 것은 문자'질'이다. 문자질은 결코 자기 머리로 생각을 하게 하지 않는다.

사람살이는 쉽게 변하지 않는다. 특히 청소년 시기엔 눈앞의 온갖 현란한 매체에 당장 눈길이 가지만 그런 매체는 삶의 보편적 원리를 일러 주지 않는다. 언제나 통하는 삶의 보편적 원리는 자기 머리로 생각할 수 있게 해 주는 문자 행위를 통해 갖추게 된다. 문자 행위는 좋은 문학 작품을 읽는 일에서 시작된다. 좋은 문학 작품을 읽는 건 평생 '써먹을' 재산을 모으는 것과 같다. 그런 문학 작품을 통해서 삶의 신비와 사회를 깊이 알 수 있다.

거꾸로 읽어도, 무엇을 읽어도 다(?) 몸에 저장되는 청소년 시절. 좋은 편집으로 좋은 작가를 만나는 것은 평생의 행운이다. 당연히 작가는 작품으로 만난다!

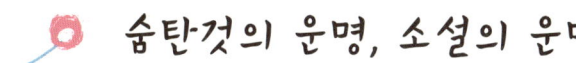

숨탄것의 운명, 소설의 운명

『고양이가 기른 다람쥐』 이상권 지음 | 자음과모음

소설에서 즐겨 다루는 것은 성공담이나 승리자의 이야기가 아니다. 오히려 실패담이나 패배자의 변을 즐겨 다룬다. 왜 그럴까? 소설은 서술이 많은 수기 내지는 수필이 아니기 때문이다. 소설은 서술보다는 묘사가 많은 이야기이다. 특히 약자와 결핍에 관한 묘사가 많은 이야기이다.

서술이 많다면 작가가 자신이 겪은 일 혹은 인생관이나 세계관을 마구 설파하고 있다고 보면 된다. 작가가 할 말이 많은 것이다. 그러니 수기 내지 수필은 작가가 하고 싶은 말을 액면 그대로 적는다. 이에 비해 소설은 작가가 아무리 하고 싶은 말이 많아도 등장인물의 입과 눈을 통해야 한다. 작가가 직접 개입하지 않는다. 소설에선 작가의 입에서 줄줄 흘러나오는 서술보다는 등장인물의 행위를 그리는 묘사가 더 많을 수밖에 없다.

묘사가 많다 보니 작가는 겉으로 잘 드러나는 승리자나 강자의 행위보다 잘 드러나지 않는 소외자나 약자의 행위에 더 집중을 하게 된다. 소외자와 약자는 자신을 전면에 내세우지 않는다. 직접적으로 자신의 사정을 줄줄 늘어놓지 않는다. 오로지 작가의 묘사를 통해서 속내를 간접적으로 전한다. 독자는 작가가 묘사해 놓은 등장인물의 온갖 행위에서 작가의 목소리도 같이

네 편의 소설에서 작가는 돼지, 닭, 다람쥐, 소처럼 인간과 가까이에서 살아온 동물을 등장시켜 조류 독감, 구제역 등의 생태 문제를 건드린다.

듣는다.

이상권의 소설에 등장하는 소외자나 약자는 주로 동물, 풀꽃 등 사람의 지배 아래에 있는 것들이다. 그러한 것들은 늘 '하찮고 보잘것없어 보이는' 겉모습을 하고 있다. 하지만 이상권의 눈에 한번 포착된 것들은 그렇게 쉽게 단정되지 않는다. 이상권이 목소리를 내지 못하는 소외자나 약자의 대변인 노릇을 해 주기 때문이다. 이상권은 그러한 것들의 속내를 잘 묘사해 내는 작가이다.

『고양이가 기른 다람쥐』에는 표제작인 「고양이가 기른 다람쥐」를 비롯해 「시인과 닭님들」, 「삼겹살」, 「젖」 등 모두 네 편의 단편 소설이 들어 있다. 단편 모두 하나같이 자신의 목소리를 직접 전하지 못하는 소외자 내지 약자들이다. 작품들은 그동안 작가가 관심을 두고 있던 동식물의 생존 문제가 곧 사람의 생존 문제로 연결되고 있음을 보여 준다.

생태 문제는 숨탄것들, 즉 목숨을 받고 세상에 나온 뭇 생명체들이 지닌 본질적인 문제이지만, 동식물의 생태 문제는 곧 사람의 생명 문제이기도 하다는 것이 작가 이상권의 생각이다.

「고양이가 기른 다람쥐」는 제목 그대로 고양이가 다람쥐를 기른 일을 형상화시킨 작품이다. 제목을 보자마자 독자들은 "육식을 주로 하는 고양이가 채식을 하는 다람쥐를 어떻게 길렀다는 거야?" 하며 고개를 갸우뚱거릴 것이다. 소설 머리에 다람쥐가 집에 처음 나타난 때를 적어 놓은 걸 보고 실제로 있었던 일이라고 받아들이겠지만 한편으론 다분히 의문을 가질 만하다.

작가는 어머니의 생신날 다람쥐가 따온 빨간 감, 어머니가 던져 준 고구마를 먹는 다람쥐의 이야기를 통해 다람쥐와 자신의 첫 조우를 실감나게 그린다.

다람쥐는 빨간 감을 따서 입에 물고는 내려온다. 능숙한 솜씨다. 제 머리통보다 큰 감이건만 무겁지도 않은 모양이다. 다람쥐는 장독대 옆으로 해서 부엌 옆에 달린 보일러실로 들어간다.
나는 어머니에게 다람쥐가 보일러실에서 사는 모양이라고 속삭인다.
어머니는 알고 있다는 표정으로 헛기침을 하신다.
"허허, 그 녀석도 내 생일을 아는 모양이구먼. 나한테 선물 주려고 그러는 모양이다."
"아니, 다람쥐가 어머니 생신을 알아요? 무슨 말씀인지 저는……."
아내는 농담도 잘하신다는 표정으로 웃는다.
"사실이야. 두고 봐라. 그 녀석이 감을 들고 올 테니까."
다람쥐에게 '그 녀석'이라고 말하는 품이 정겹게 느껴진다. 어머니는 다정한 눈빛으로 다람쥐를 내려다보고는 다람쥐에 대한 이야기를 들려주신다.

- 「고양이가 기른 다람쥐」

나아가 작가는 다람쥐가 어머니 앞에 나타난 일을 세세하게 묘사함으로써 작품의 사실성을 높이는데, 어머니가 이야기를 들려주는 방식을 택함으로써 현실감을 더욱 부각시킨다.

"옜다, 이거 먹으렴."
어머니는 고구마 한 개를 반으로 쪼개서 던져주었다. 다람쥐가 어머니 눈치를 살폈다. 어머니가 웃어주었다.
"괜찮다, 어서 먹으렴. 나는 너를 잡을 만큼 빠르지도 않단다. 너를 잡아서 키울 만큼 부지런하지도 않고, 너를 잡아서 팔 만큼 욕심도 없단다. 그러니까 안심하고 먹으렴."

어머니는 다람쥐가 사람 말을 알아듣는다고 생각했다. 그것은 어머니의 어머니가 가르쳐 준 진리였다. 사람하고 가깝게 살아가는 동물 앞에서는 말을 함부로 하지 말라고.

"특히 집에서 기르는 짐승들은 사람 말을 알아들어. 소도 알아듣고, 돼지, 개, 닭, 염소도……. 쥐는 사람이 기르지는 않지만 사람과 같이 살지. 그래서 쥐도 사람 말을 알아듣는단다."

어머니는 우리에게도 그런 말을 자주 하셨다. 과연 다람쥐는 어머니의 말을 알아들었다. 어머니가 옆에 가도 도망치지 않았다.

하루 이틀 날이 가고, 어머니는 그날 일을 까마득히 잊어버렸다.

- 「고양이가 기른 다람쥐」

어머니는 다람쥐를 만나게 된 날의 이모저모를 들려준다. 어머니는 동물, 특히 집에서 기르는 짐승들은 사람 말을 알아듣기에 사람 가까이 사는 동물 앞에서는 말을 힘부로 해서는 안 된다고 했다. 어머니가 다람쥐와 가까운 사이가 된 것도 사람에게 말하듯이 다람쥐에게 편하게 말을 한 데서 비롯하였다.

어찌 보면 다람쥐는 어머니에게 자식이나 마찬가지였는지 모른다. 자식에게 하듯이 말을 건넨 것이다. 어머니는 다람쥐에게서 자식의 정을 느꼈는지 모른다. 그리하여 마침내는 개보다 다람쥐가 본인의 말을 더 진지하게 늘어준다는 생각도 하게 된다.

어머니는 자식에게 쏟은 정을 다람쥐에게 쏟았기에 다람쥐가 보이지 않자 동물에게 정을 주면 못 쓴다던 옛날 사람들의 말을 떠올리기도 한다. 그때 다람쥐는 보일러실에 새끼를 낳고 돌아온다. 어머니는 보일러실 문에다 새끼줄로 금줄을 쳐 주며 다람쥐의 출산을 축하해 준다. 이후 어머니는 다람쥐의 먹이를 구해 주며 거의 사람 산모를 돌보듯이 대한다. 그러나 어머니가 집을 오래 비운 사이 비극이 일어나고 말았다. 먹이를 받아먹는 데 익숙했던 어미 다람쥐가 배고픔을 견디지 못해 오랜만에 밖에 나왔다가 목숨을 잃어버린 것이다. 야생 다람쥐의 본능을 잃고 주의력 없이 밖에 나온 바람에 부엉이에게 잡아먹힌다. 이런 판국인데 그가 낳은 새끼들이라고 온전할까? 결국 다람쥐 새끼는 두 마리만 남고 다 죽는다.

이렇게 남은 다람쥐 새끼는 보일러실에 새끼를 낳은 고양이가 양육한다. 고양이는 다람쥐의 천적인데 말이다. 고양이는 다람쥐 새끼도 자기 새끼로 여기고 의붓어미 역할을 충실히 한다. 고양이의 양육을 받고 자란 다람쥐 새끼는 자신도 고양이라고 생각했다. 그러나 그런 착각은 다른 고양이에게는 통하지 않았다. 다람쥐의 생활을 배우지 못한 새끼 다람쥐는 야성을 잃어버려 이웃집 고양이한테 물려 죽고 만다.

> "자, 너는 다람쥐야. 고양이가 아니란다. 자, 고기보다 도토리가 더 맛있을 거야. 먹어봐. 옳지. 고양이는 다람쥐를 잡아먹는 무서운 동물이야. 그러니 고양이를 보면 일단 도망쳐야지. 어디로? 나무 위로 도망쳐야지. 너는 나무를 잘 타니까. 물론 고양이도 나무를 잘 타지만, 너만큼 빠르지는 못해."
>
> ―「고양이가 기른 다람쥐」

어머니는 다람쥐가 다람쥐 본성을 획득하기를 바란다. 어디까지나 고양이는 고양이이고 다람쥐는 다람쥐이니까. 숨탄것들의 운명은 쉽게 바뀌지 않는다는 것을 어머니는 너무나 잘 알고 있기 때문이다.

숨탄것들의 운명은 「시인과 닭님들」에서도 나타나 있다. 「시인과 닭님들」은 실명 소설이다. 문인들의 이름이 실명 그대로 나온다. 이렇게 된 건 작가의 집에서 기르던 닭을 홍일선 시인의 집으로 보낸 사연이 소설의 뼈대를 이루고 있기 때문이다.

작가는 서울을 떠나 산골 마을의 전원주택단지에서 살게 되었다. 마당을 뒤덮은 풀 때문에 고심하던 작가는 어머니의 권유에 따라 닭을 키우기로 마음먹는다.

"그럼 닭을 키워봐라. 닭 10여 마리 거기다 풀어놓으면 지아무리 춤추고 배짱 좋은 풀이라고 해도 버티지 못할 것이다. 토종닭 풀어놓으면 그 주둥이로 정신없이 뜯어 먹고 발로 밟아대고 제초제보다 더 독한 똥 싸발기고 하면, 아무리 징한 풀이라고 해도 고개가 꺾이고 말아야. 그게 최고다. 그렇다고 염소나 소를 키울 수는 없을 테니까."

- 「시인과 닭님들」

작가는 장에서 닭을 사다가 기른다. 먼저 암탉을 기른 뒤 그 암탉들의 짝이 될 수탉을 구한다. 수탉을 구하기 위해 애쓴 사연은 여러 쪽에 걸쳐 그려져 있다. 마침내 작가가 구한 수탉은 암탉에게 좋은 남편이 된다. 그렇게 해서 소설이 매듭지어졌다 해도 무방하리만큼 수탉의 성장사도 만만치 않다. 그런데 문제는 엉뚱한 데서 터진다.

전원주택단지에 들어와 있는 옥회장, 김사장, 최사장 들로 지칭되는 인간들이 닭과 공생을 못하겠다며 닭을 내쫓으라고 하는 것이다. 그들은 지하수 오염, 조류 독감, 구제역 등의 핑계를 대며 작가의 집에서 닭을 몰아내고자 한다. 이러저러한 과정을 거쳐 닭은 결국 홍일선 시인의 집으로 보내진다.

"알았네. 정 보낼 데가 없으면 우리 집으로 보내게. 안 그래도 닭을 한번 키워볼 마음도 없지는 않았네만, 워낙 조류독감이 난리여서 엄두를 내지 못하고 있었네. 내가 한번 최선을 다해서 키워보겠네."

– 「시인과 닭님들」

서울살이를 청산하고 남한강가에 진즉 자리를 잡아 살고 있던 홍일선 시인도 4대강 사업이니 조류 독감이니 하는 것들로 하루도 마음이 편하지 않았다. 그런데도 후배 작가의 사정이 딱하게 된 것을 보고 자신이 짐을 떠맡은 것이다.

"처음 이곳에 왔을 때는 너무 좋아서 잠이 안 왔네. 여울 소리를 듣기만 해도 가슴이 설레는 바람에 오히려 시 한 편도 못 썼네. 논밭일도 신명 나고, 아침저녁으로 저 강변에 나가면 경배하듯이 감사의 기도가 절로 나왔지. 나 혼자 행복해서, 나 혼자만 너무 행복해서 다른 사람들에게 미안할 정도였다네. 상권이 자네 생각도 많이 했지. 그런데 저 강이 한반도 대운하로 망가져 간다니……."

– 「시인과 닭님들」

시인의 집에 자리를 잡은 닭들은 조류 독감에도 끄떡하지 않고 건강하게 자랐다. 암탉은 본성대로 사방 천지에 알을 낳고, 수탉은 그런 암탉을 보호하였다. 그런 닭을 시인은 마침내 '닭님'이라 부르게 되었다.

산에다 알을 낳은 뒤 병아리를 깐 암탉들은 그 병아리를 데리고 산을 내려왔다. 괴물 같은 포클레인 소리도 삐악거리는 작은 병아리 소리를 묻어 버리지는 못했다.

   시인의 집에서는 폭우, 폭설, 강 파괴, 조류 독감에도 불구하고 닭 5마리가 8백여 마리로 불어났다. 숨탄것은 어떤 재앙도 딛고 일어선다는 것을 알 수 있다. 오히려 숨탄것들의 우두머리라 하는 인간이 다른 숨탄것들의 재앙이기도 하지만 말이다.

   「삼겹살」에는 인간이 다른 숨탄것들을 어떻게 대하는지 적나라하게 그렸다. 삼겹살을 무척 좋아하던 오빠가 삼겹살을 먹기만 하면 토하는 사연은? 이야기의 기본 줄거리는 오빠가 삼겹살을 먹고 토하게 된 이유이다.

> "(……) 나 요새 삼겹살만 먹으면 이렇게 토해. 단 한 점만 먹어도 토해. 아무리 참으려고 해도 막 아우성치듯이 토해져 나와."
>
> － 「삼겹살」

   오빠가 삼겹살을 먹기만 하면 토하게 된 건 군에서 대민 지원을 나갔을 때 겪은 일 때문이다. 이름 하여 트라우마! 오빠는 동물을 살처분하는 대민 지원을 했다.

> 돼지는 마취제를 놓아도 마취가 잘 되지 않아서 그냥 생매장을 해야 합니다. 그래서 어제보다 더 군인들의 도움이 필요합니다. 여차하면 돼지들이 사방으로 튀어 나가니까 구덩이로 몰아넣을 때 군인들이 잘 좀 도와주십시오.
>
> － 「삼겹살」

돼지 살처분 현장을 지휘하는 공무원이 대민 지원을 나온 군인들에게 한 말이다. 군인들은 구덩이를 파고 돼지를 구덩이로 몰아넣는다.

돼지 위로 돼지가 떨어지고 또 돼지가 떨어지고 떨어지고…….

– 「삼겹살」

돼지들도 인간과 같은 생명체라는 사실을 무시한 조치였다. 하지만 숨탄 것은 서로 연결되어 있다. 오빠는 삼겹살을 먹을 때마다 아우성치던 돼지가 떠올랐다. 살처분 현장에 갔던 다른 군인들도 잠을 못 자고, 어지럽고, 토하고, 헛소리를 하는 등 트라우마에 시달리기는 마찬가지였다.

오빠는 이른바 모범생이었다. 그래서 엄마는 걸핏하면 나에게 "오빠를 봐라, 오빠처럼 살아라." 하며 오빠를 들먹였다. 하지만 나는 엄마가 오빠를 들먹일 때마다 오빠라는 존재로부터 달아나고 싶었다. 나에게 오빠는 오르기 힘든 산이나 마찬가지였다. 그런 오빠가 살처분 트라우마에 시달리다니. 오빠 역시 숨탄것의 운명에서 벗어나지 못하고 있었던 것이다.

「젖」 역시 살처분 이야기이다. 살처분 이야기이되 베트남에서 한국으로 시집온 쩐 투윗의 이야기이기도 하다. 먼 이국땅인 한국 농촌 마을로 시집와서 살고 있는 쩐 투윗 자신의 삶도 신산하지만, 억지로 목숨을 끊어야 하는 동물들의 신세도 가련하기는 마찬가지이다. 그래서 그랬는지 쩐 투윗은 자신이 구제역에 걸린 꿈을 여러 차례 꾸기도 했다.

"……소, 닭, 돼지, 염소, 오리…… 오랜 세월 인간이랑 같이 살아온 보살님들이여, 우리 어리석은 인간들을 용서하소서. 인간의 무지와 탐욕이 이런 끔

찍한 재앙을 불러왔습니다. 소, 닭, 돼지, 염소…… 오랫동안 인간의 살과 영혼이 되어온 보살님들이여, 부디 우리 인간들의 어리석은 탐욕을 용서하시고, 원망을 푸시고 다시는 인간들의 가축으로 태어나지 마십시오……. 자, 그러하니 모든 원한과 근심을 다 내려놓으시고 편안하게 떠나가십시오. 그리고 이 사바세계에 다시는 나타나지 마십시오…….″

— 「젖」

쩐 투잇은 스님의 말을 다 알아들을 수는 없지만 스님이 구제역과 조류독감으로 죽은 동물들의 제사를 지내고 있다는 것쯤은 안다. 쩐 투윗은 베트남에 살 때에도 특별한 종교를 갖고 있지 않았다. 다만 조상들이 그러했듯이 쩐 투윗도 모든 숨탄것들은 혼이 있으며, 생명은 돌고 돈다는 부처님 말씀이 옳다고 생각한다. 그런 쩐 투윗이기에 병원에 있는 남편이나 구제역에 시달리는 동물이나 같은 목숨을 가진 생명체로 느껴지는 것은 당연하리라. 그래서 당산나무 앞에서 빌기도 한다.

″당산나무 신이시여…… 비나이다, 우리 착한 신랑님을 보살펴주십사요. 우리 착한 신랑님을 제발 일어나게 해주십사요. 우리 신랑님은 꼭 일어나야 합니다. 그래서 시어머니랑 우리 아들이랑 다 같이 잘살아야 합니다. 우리 신랑님은 아주 착합니다. 평생 죄 안 짓고 살았습니다. 교회에도 잘 나가고, 남을 미워하지도 않았습니다요. 제발 우리 신랑님을 다시 건강하게 해주십시오. 당산나무 신이시여, 저도 시어머니 미워하지 않을 겁니다. 맹세합니다. 저 절대 도망 안 갑니다. 그러니 저 믿고 제발 우리 신랑님 건강하게 해주십사요. 네에, 제발, 제발…….″

— 「젖」

시어머니는 소의 살처분을 면하기 위해 이장에게 이런저런 부탁을 해 보지만 소용이 없었다. 임신한 소만이라도 살처분을 면했으면 좋겠다고 생각했다. 그러나 소용이 없었다.

신랑이 쩐 투윗의 소라고 정해 준 외뿔이도 출산 예정일이 얼마 남지 않았다. 시어머니는 임신한 소들을 빼돌렸다. 하지만 역부족이었다. 살처분 전쟁을 한바탕 치른 뒤엔 시어머니도 쩐 투윗도 다 지쳐 떨어졌다. 무엇보다 큰일은 신랑이 그 와중에 사고를 당해 생사의 기로를 서성이게 된 일이다.

남편이 병원에 드러눕자 시어머니가 보여 주는 태도는 말 그대로 가관이다. 일단 베트남 며느리가 도망갈까 봐 주민등록증, 휴대전화 등을 다 빼앗아 버린다. 하지만 쩐 투윗은 그런 시어머니를 미워하지 않을 테니 신랑이 일어나기만 했으면 좋겠다고 당산나무에게 빈다.

외뿔이는 용케 자신을 닮은 송아지 한 마리를 남겼다.

> 쩐 투윗은 하도 놀라서 하마터면 비명을 지를 뻔했다. 고개를 흔들고 눈을 비볐다. 믿어지지 않았다. 털 색깔로 보아 오늘 어미의 배 속에서 나온 녀석임을 알 수 있었다. 첫눈에 녀석의 어미가 외뿔이었음을 알 수 있었다. 녀석은 어미를 빼닮았다.

― 「젖」

쩐 투윗이 소 울음소리를 듣고 마당에 나와 창고 문을 열고 짚단을 들여다보자 뜻밖에 송아지가 있었다. 쩐 투윗은 외뿔이가 살처분당하기 전 송아지를 낳아 온 힘을 다해 짚단 안으로 밀어 넣었을 것이라고 생각하니 눈물이 쏟아졌다. 송아지는 어미를 잃어 제대로 먹지 못한 상태였다. 쩐 투윗은 자신의 젖을 송아지에게 먹여야겠다고 생각했다. 마침 얼마 전 딸 유진이가 젖을 떼었다.

"제발 젖이 나와야 할 텐데, 제발……."
송아지가 혓바닥으로 어미의 젖을 감싸고는 이 세상 모든 것들을 빨아들일 듯
한 엄청난 힘으로, 어미의 몸속으로 흐르는 오래된 물을 빨아올리고 있었다.

-「젖」

쩐 투윗이 자신의 젖을 송아지에게 먹이는 장면이다. 이로써 작가는 숨탄
것은 모두 한 생명체라는 것을 말한다. 죽는 순간에 배 속의 생명체를 기적
적으로 살리고 죽는 어미 소, 그 어미 소를 기른 사람의 젖을 먹고 힘을 얻는
송아지…….

숨탄것들의 운명은 슬프다. 나고, 병들고, 마침내 죽어야 한다. 숨탄것들
가운데 인간의 탐욕 때문에 안 걸려도 될 병에 걸리고, 죽기까지 하는 생명
도 있다.
이상권은 자타가 공인하는 생태 이야기꾼이다. 그의 생태 이야기는 이제
동식물을 넘어 인간의 생태에까지 걸쳐 있다. 생태가 동식물의 단순한 환경
문제가 아니라 인간 생명의 문제로까지 이어진 것이다.
이상권은 어떤 패배자 내지 약자에게서도 생명의 연속을 본다. 생태가 생
태로 그치지 않고 비로소 생명을 얻는 순간이다. 진정한 생태 이야기가 어때
야 하는지를 알게 해 주는 지점이다.
소설도 이런 것 아닐까? 실패자에게서도 삶이 연속되리라는 희망을 보는
것, 그게 소설의 운명일 게다. 그런 차원에서 보면 숨탄것의 운명이 곧 소설
의 운명이기도 하다는 게 필자의 생각이다.

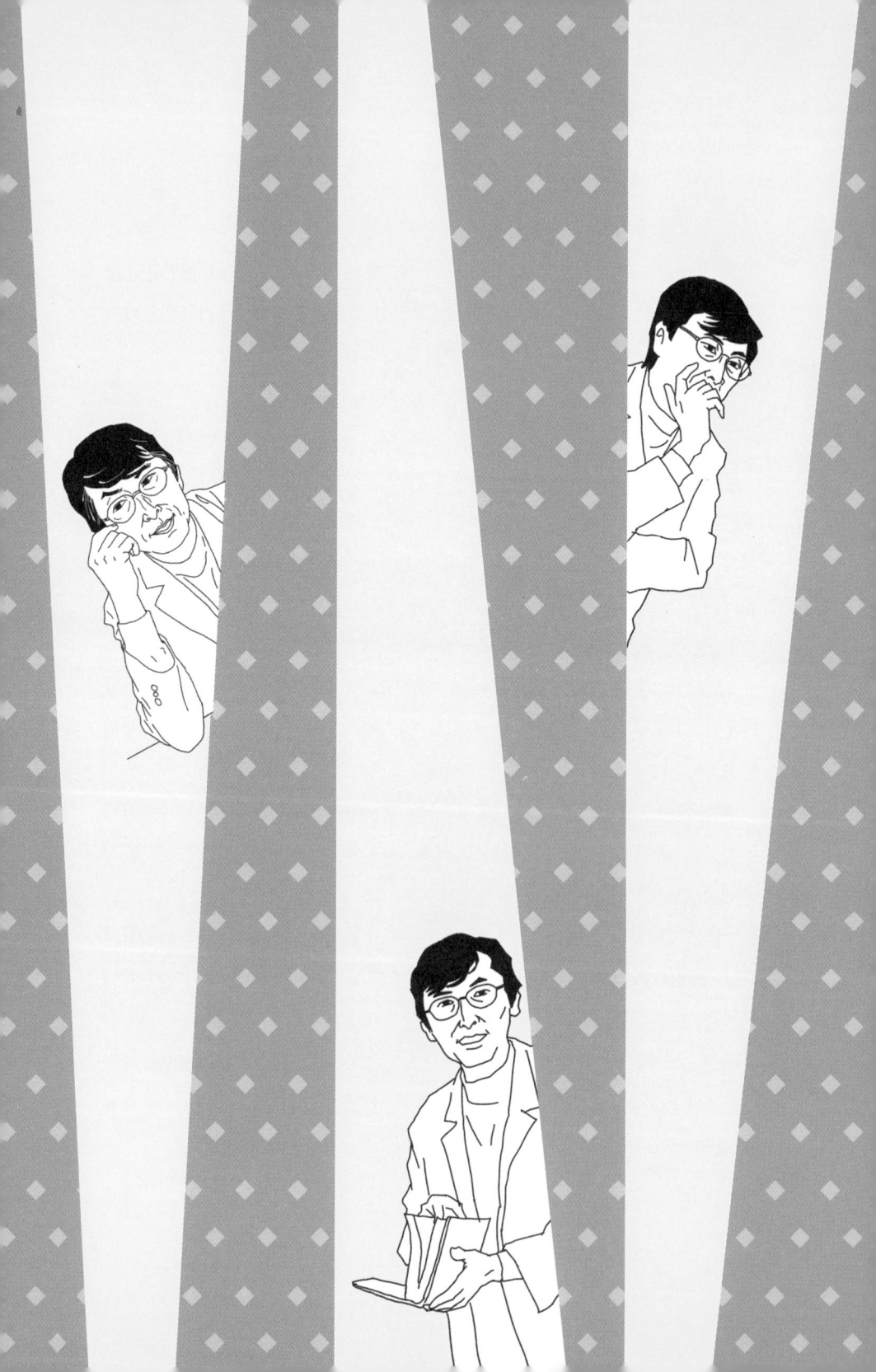

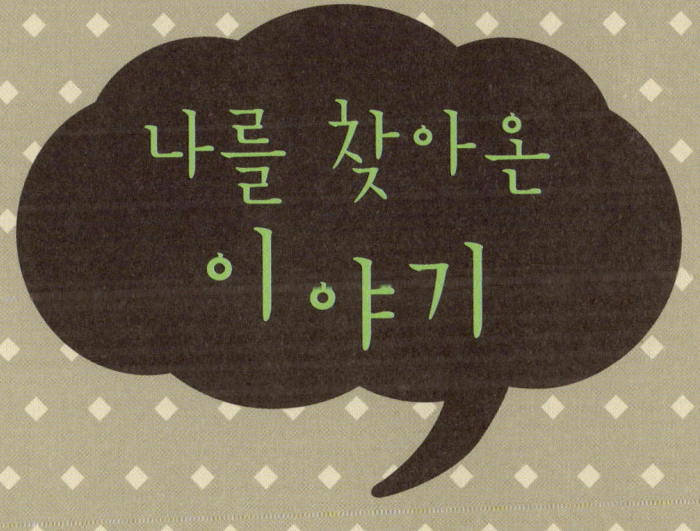

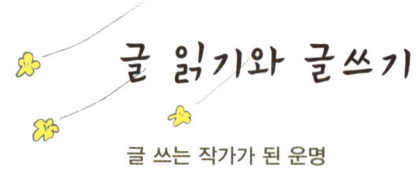

글 읽기와 글쓰기

글 쓰는 작가가 된 운명

글을 쓰고 사는 게 자신만의 의지일까? 그런 것 같지는 않다. 글쓰기는 흔히 '천형'이라 일컬어진다. 하늘의 벌을 받은 인간들! 나는 글쓰기를 그리스도교식으로 말하면 하나님의 섭리이고, 불교식으로 말하면 전생의 업이나 인연 탓이고, 우리식으로 쉽게 말하면 다 제 팔자라고 말한다. 그런 차원에서 보면 내게 글쓰기는 운명이다.

그때 당시는 몰랐지만 돌아보면 글 쓰는 일이 나에겐 가장 맞는 일로 여겨지긴 한다. 일단 고향 진도의 자연과 역사 환경에서 어린 시절을 보냈고, 소싯적에 마지막 조선 사람 같았던 할아버지한테 받은 훈육 또한 무시하지 못한다.

할아버지의 훈육이란 게 어찌 보면 고리타분한 것 같지만, 지나고 보니 의미 있는 일이었다. 할아버지는 늘 한자가 잔뜩 적힌 한적을 손자 앞에 펼쳐 놓으셨다. 책이 말하는 것보다는 책 냄새가 더 좋았던 기억이 난다. 그런가 하면 시조창을 늘 하셔서 운문에 대한 매력을 자연스레 느낄 수 있었다. 할아버지는 신문을 읽으실 때도 시조 읊듯 소리 내서 읽으셨다. 글 읽는 속도는 느렸지만 할아버지의 낭독(?)에 힘입어 나도 같이 글을 읽는 느낌을 받았다. 방에 벽지 대신 발라 놓은 신문지의 연재소설을 찾아 윗목과 아랫목을 옮겨 다니며 할아버지가 슬쩍 넘어가신 대목을 찾아 읽기도 했다. 이런 체험이 글에 대한 낯섦이나 두려움을 일찌감치 거두었을 것이다.

당시 중학생용 잡지라곤 중3 수험생들이 보는 「합격생」만이 시골 서점에 들어오는 정도였다. 그러나 그 잡지는 제목이 말해 주듯 수험용이라 읽을거리가 다양하지 않았다. 나는 더 많은 읽을거리를 찾아 동네에 들어오는 「새농민」을 비롯, 여러 농민 잡지를 읽기 시작했다. 농민 잡지에는 농사짓는 법이 우선이긴 했지만 단편 소설이 실려 있었고, 『수호전』같은 번안 소설도 실려 있었다. 무엇보다 즐겨 읽었던 건 학교에 아이들이 가져오는 잡지 「선데이 서울」이었다. 「선데이 서울」은 그 집 형이나 삼촌이 군대에서 휴가 나올 때 기차간이나 배 선실에서 보던 것으로, 군대 복귀할 때 측간(화장실)이나 마루에 던져 놓으면 아이들이 가져왔다.

재미없는(?) 교과서 같은 책은 시오 리 거리인 등하굣길을 오갈 때 읽었다. 읽을거리가 많지 않던 때라 영어책, 국어책은 물론 농업책까지 통째로 읽고 외웠다. 할아버지한테 받았던 한자 교육이 그러했듯 문자는 무조건 외워야 하는 줄 알던 시절이었다. 영어도 한자 익히듯 천자문의 운에 맞춰 외웠다. 영어 "I am a boy. How old are you?" 따위를 한자 "하늘 천 따 지 검을 현 누르 황" 운에 맞추어 소리 내 보라. 얼마나 우스꽝스럽고 재미있는지! 아무튼 이때 익힌 한자와 영어로 '생계형 번역가' 생활을 꽤 오래 했으니 인생이란 알다가도 모를 일이다.

이런 걸 보면 지금 글을 쓰고 사는 게 운명이라고 말할 수 있다. 하지만 운명도 자신이 가꾸기 나름이다. 당시 우리 형제들은 모두 똑같은 환경에서 자랐다. 나는 글 읽거나 듣는 게 즐거웠지만 다른 형제들은 다른 것에 관심이 더 많았다.

무심히 지내면 기회가 와도 모른다. 기회가 자기 것이 되려면 자신이 즐겁게 그 일을 하는 것도 중요하겠지만, 환경이라는 멍석이 어떻게 깔리는가도 중요하다. 그런데 멍석을 어떻게 받아들이느냐, 하는 자세가 운명을 결정짓는 게 아닐까?

　요즘 아이들은 책 말고도 즐길 게 넘친다. 종이책은 스마트폰이나 컴퓨터 등 다른 매체와는 애초에 비교가 되지 않을 정도로 재미 없는 것으로 여긴다. 그러나 사실 책 읽기는 그런 것을 가지고 노는 것보다 훨씬 더 즐겁다. 그런데 그 즐거움은 스스로 느껴 보지 않으면 알 수 없다. 그렇다면 어떻게 느낄 수 있을까? 일단 글을 읽기 시작하면 된다. 글을 읽기 시작하는 것, 그것 자체가 운명이다.

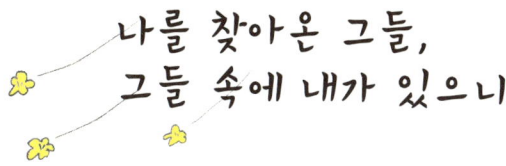

『봄바람』 속의 등장인물과 내용 구상 과정

내 이야기는 남 이야기처럼, 남 이야기는 내 이야기처럼

　흔히들 "내 속에 네가 있고, 네 속에 내가 있다.", "네가 나이고, 내가 너이다." 하고 말한다. 그러면서 결국은 "나는 너다."까지 나아간다. 이는 특히 불가에서 '관계'의 소중함을 이야기할 때 곧잘 언급되기도 한다. 소설 같은 문학 작품에서도 유효한 말이다. 특히 등장인물 속에 작가가 어떻게 반영되는가를 보면 더욱 그렇다.

　나는 늘 "내 이야기는 남 이야기처럼 쓰고, 남 이야기는 내 이야기인 것처럼 쓴다."라고 말해 왔다. 내가 직접 소설을 쓸 때는 물론, 내게 문학 수업을 받은 학생들에게도 줄곧 들먹인 말이다. 내가 이렇게 말하는 건 자신의 이야기에 빠져 그냥 되는 대로 기술하면 객관적 거리가 생기지 않아, 소설이 되는 게 아니라 수기처럼 되어 버리는 경우가 많은 탓이다. 게다가 남 얘기를 내 이야기처럼 쓰지 않으면 몰입이 되지 않아 작품이 앞으로 나아가지 않는 경우가 많다.

　독자는 등장인물과 작가를 쉽게 연결시킨다. 그런 까닭에 도박 소설을 읽으면 작가가 도박의 달인이거니 생각하여 '소설에서처럼 하기 위해 집 여러 채 해먹었겠다'고 생각하고, 연애 소설을 보면 '작가가 대단한 바람둥이'라고 생각한다. 이 점은 텔레비전 드라마나 영화의 배우들도 마찬가지이다. 극 속에서 대중의 동정을 자아내고 연민을 불러일으킬 만큼 선한 역할을 한 배우라면 광고 섭외가 늘어나고, 악한 역할을 하면 그 배우의 본성과는 상관없이 광고가 붙지 않는다.

나아가 독자는 등장인물과 자신도 쉽게 동일시한다. 그래서 소설 속의 어떤 인물을 응원하거나 한편이 되는 경우가 많다. 드라마나 영화의 어떤 인물에 열광하는 이유도 그런 까닭이리라. 현실 속에서 자신은 그렇지 않을지라도 작품 속에서 자신은 잘나야 하기 때문에 특정 역할을 맡은 배우에 열광한다.

이런 독자 내지 관객에게 등장인물은 어떤 의미일까? 작가는 인물을 설정할 때마다 고심하지 않을 수 없다.

다음은 나의 첫 청소년 소설이자 가장 많이 알려진 『봄바람』 속에 등장하는 인물들을 어떻게 골랐는지, 그리고 어떤 모습으로 그렸는지 더듬어 본 것이다.

톡 쏘지만, 훈훈한 봄바람

내가 청소년 독자를 본격적으로 의식하고 펴낸 첫 소설은 『봄바람』이다. 연구자들은 물론 출판계에서도 『봄바람』을 우리나라 첫 현대 성장소설로 일컫는 게 일반적이다. 물론 그전에도 청소년들이 주인공인 소설은 있었다. 6·25 전쟁 중에 나온 『쌍무지개 뜨는 언덕』과 6·25 전쟁 이후에 나온 『얄개전』. 그러나 『쌍무지개 뜨는 언덕』은 순정소설이고, 『얄개전』은 명랑소설이다. 작가는 일반 독자를 상정했는데 청소년이 주인공이고 나아가 청소년들이 좋아할 '장르적' 성격의 소설이다 보니 당시의 청소년들도 좋아했을 뿐이었다.

일제 강점기에도 소년 소설이 아닌 청소년 소설이 있었다는 주장도 있지만 이 시대 청소년 소설은 소년 소설이나 일반 소설과 큰 변별점이 없다. 더구나 청소년은 청년 취급을 받았으므로 청소년을 의식한 소설이라고 할 수도 없다. 또 백보 양보하더라도 일제 강점기는 시대적으로 볼 때 현대가 아닌 근대라 할 것이다.

어쨌든 『봄바람』은 청소년 독자를 의식하고 펴낸 첫 현대 성장소설이다. 소설 속의 주요 인물인 '훈필'이는 열세 살로 국민학교(초등학교) 6학년이다. 주인공 이름을 '훈필'로 정한 건 무엇보다도 인생의 훈훈한 바람이 부는 시기에 맞는 이름이 뭘까 하는 고심에서 출발했다. 훈훈한 바람에다가 당시 사내아이들 이름에 많이 들어간 '필'자가 붙어서 '훈필'이가 되었.

훈훈한 바람 같으면서도 톡 쏘는 듯한 차가운 기운이 묻어나는 게 봄바람이다. 사춘기 소년의 성장담이라면 봄바람이 적격이고 이름도 훈필이면 적당할 것 같았다.

작품을 쓸 때 등장인물의 이름과 작품 제목이 정해지면 절반 이상을 쓴 거나 마찬가지로 여긴다. 일단 등장인물의 이름을 '훈필'로 정하고, 작품 제목이 '봄바람'이 되자 일사천리로 작품을 구상할 수 있었다. 이 과정에서 훈필의 상대역이 될 부인물들의 이름도 정했다.

먼저 '꽃치'. 꽃치의 본디 이름은 '꽃동냥치'이다. 그가 꽃동냥치인 건 얻어먹는 처지이면서도 망태기에 항상 꽃을 꽂고 다녔기 때문이다. 그의 역할은 작품 속에서 매우 중요하다. 선한 인물이 있으면 그에 맞먹는 악당이 있어야 영화가 되듯이 소설도 마찬가지이다. 물론 꽃치가 악한 인물이라는 말은 아니다. 꽃치가 어떤 인물인지는 그에 대해 내가 쓴 시를 먼저 보는 게 나으리라.

밥 한 주먹 담아 먹을 양재기 하나 없이도, 동전 몇 닢 받아 넣을 깡통 하나 없이도, 그는 동냥치다. 한 면에 한 마을씩 가가호호 제삿날만 챙겨두면 먹고 사는 일 정승 판서 부럽지 않은 그. 등짝에 지고 다니는 망태기엔 철따라 달리 피는 들꽃 가득하여 꽃동냥치라 불리지만, 그는 여태껏 무얼 동냥한 적이 없다. 어쩌다, 제사 없는 날엔 아침 일찍 뒷산에 올라 마을 사람 아침 잠을 다 깨운다.
"내 며느리들 빨리 일어나서 나 먹을 아침밥 지어라!"
졸지에 한 마을 아낙이 모두 그의 며느리가 되고 만다.

그가 죽어 그의 꽃망태기도 같이 묻혔다. 그의 무덤에 꽃이 피어났다.
지금 내가 그에게 동냥을 청한다.
"꽃 한 송이, 내 등짝에도 피어나게 해주세요."

- 「꽃동냥치」

시에서 그린 대로 꽃치는 꽃을 좋아한다. 그래서 사람들은 그가 죽자 꽃망태기를 같이 묻어 준다. (어디서 어떻게 죽었는지는 나도 잘 모른다. 아마도 그랬을 것이라는 나의 추측일 뿐이다.) 꽃동냥치는 실제로 있던 인물이다. 제삿날 찾아오던 동냥치도 실제로 있었다. 나는 두 동냥치를 한 인물로 합쳤다. 이른바 합성을 한 것이다. 그랬더니 독특한 개성이 묻어났다. 꽃 좋아하고, 얻어먹어도 당당한 동냥치. 하지만 이 정도 이야기로 끝났다면 꽃치의 행적을 그린 소설 「노래」(원래 꽃치를 주인공으로 한 일반 소설 「노래」를 쓰려 했다.)에 만족해야 했을 것이다. 그랬다면 일반 소설과 그다지 차이가 없는 '뻔한' 이야기가 되고 말았으리라.

이 대목에서 작가는 반전을 꾀한다. 훈필이를 주인공으로 해 보자! 그러자 훈필이에게 다른 아이들 모습이 덧씌워졌다. 훈필이는 작가인 나이면서 그 시대 다른 아이들 여럿이다. 이를테면 한 인물이 아니라 여러 인물이라는 것이다. 그럼에도 강연 가면 독자들이 "훈필이가 작가 아녜요?" 하고 묻는다. 이렇게 묻는 사람 가운데엔 국어 교사도 많다. 문학을 가르치는 교사 역시 작품 속의 등장인물과 작가를 쉽게 동일시한다는 얘기다.

훈필이를 주요 인물로 상정하여 훈필이 눈으로 꽃치를 바라보게 하자 꽃치의 새로운 면이 보이기 시작했다. 물론 훈필이의 바람으로 꽃치를 본 것일지도 모른다.

훈필이의 눈으로 꽃치를 보자 무엇보다도 꽃치의 자유로움이 눈에 들어왔다. 자유로움을 받아들이자 작가는 꽃치가 구사하는(아이들이 부러워할) 여러 가지 자유를 상정할 수 있었다. 또 꽃치를 노래는 잘 부르는데 말은 하지 않는 인물로 설정도 할 수 있었다.

훈필이의 작은 사랑 이야기와 은주 고모의 사랑 이야기를 병치시켜 보았다. 아이를 못 낳는다고 소박맞고 친정에 돌아온 은주 고모의 사랑 상대는 꽃치일까? 은주 고모가 꽃치의 아이를 뱄을까? 모든 게 다 궁금하지만 작가는 알려 주는 사람이 아니다. 그냥 그리기만 한다. 극단적으로 말해 소설 속에 나오는 인물들이 하는 말을 받아 적기만 하는 사람이 작가이다. 나도 그렇게 했다. 은주 고모가 밴 아이의 아버지가 누군지는 끝내 발설하지 않았다.

꽃치가 소설 말미에 훈필이에게 한마디 하는 대목이 있다. 훈필이한테 "꽃이 아름답지 않냐?"라고 물은 게 꽃치의 유일한 말이다. 말은 하지 않으면서도 훈필이의 부러움을 사는 꽃치. 그게 뭘까? 꽃치가 왜 그렇게 물었는지는 소설에 나타나지 않는다. 그래서 그랬는지 어느 고등학교 교사가 이 부분을 시험에 내놓고도 왜 그런 말을 했는지 궁금하여 내게 전화를 걸어 물어 왔다. 나는 "나도 모릅니다! 꽃치에게 물어보십시오." 하고 대답해 주었다. 이 대목에서 그 교사는 어이없어했다. 작가가 모른다니 말이 되느냐고 했다. 나는 "작가는 글을 쓰는 사람이지만 등장인물이 무슨 의도로 묻는지까지 통제하지 않습니다. 독자가 느끼는 대로 느끼면 그만입니다."라고 덧붙였다.

내가 불친절했을까? 실제로 그렇다. 작가가 등장인물의 의도까지 친절하게 해설해 주면 독자는 김이 빠진다. 독자가 '느끼는 대로 느끼는 게' 옳은 소설 읽기이다. 작가의 손을 떠나면 작품은 이제 독자의 것이다. 그때 비로소 이야기가 완성된다.

'이름'이 있으면 꼭 해야 하는 이름값

그러면 『봄바람』에서 훈필이와 꽃치만 있으면 소설이 되는 걸까? 그렇게 해도 소설이 되게 할 수는 있겠지만 좀 더 다양한 이야기를 담아내려면 그들을 둘러싼 주변 인물들의 활약상도 그려야 한다. 그래서 은주와 서울 아이를 상정했다.

은주는 그 당시로 보아도 패나 세련되어 보이는 이름을 가지고 있다. 여자아이들 이름에 이제 막 '은'자나 '주'자가 많이 들어가기 시작했다. 그래서 무엇보다도 발음하기 좋은 '은주'를 택했다. 그렇게 해 놓고 보니 다른 여자아이인 '서울 아이'는 굳이 이름이 필요하지 않았다. 어쩌면 외지에서 시골 학교로 전학 온 아이라는 것이 중요했지 이름이 중요한 건 아니었는지 모른다. 그 대신 개에게는 당시의 시대상을 반영해 '메리'라는 이름을 지어 주었다. 그 당시 개 이름은 주로 '해피', '럭키', '도꾸' 등이었다. 이름 없는 서울 아이와 진도개이지만 '메리'라는 서양식 이름으로 불리는 개. 안 어울리는 듯한 부조화 속에서도 대조를 이루며 독특한 효과를 주었다.

『봄바람』속에 이름 없이 등장하는 이는 많다. 은주 언니, 은주 고모, 이장을 비롯한 마을 어른들, 담임 선생님, 또래 아이들, 훈필이의 아버지, 어머니, 동생, 버스 정류소 매표원, 배 검표원, 배에서 만난 할머니, 할머니의 딸, 야전 점퍼 청년 등. 이들은 이름은 없지만 저마다 독특한 개성을 보여 준다. 하지만 당시의 보편적인 인물이라면 누구나 가지고 있을 만한 '성격'이라 굳이 이름이 따로 필요하지 않았다.

　이름이 있으면 이른바 '이름값'을 해야 한다. 현실에서도 그렇지만 소설에서는 더더욱 그렇다. 소설에선 이름이 없어도 괜히 나와선 안 된다. 반드시 나와야 할 이유가 있어야 한다. 연극이나 영화 속의 '지나가는 사람/행인'하곤 다르다. 이름이 있는 등장인물은 그 이름에 맞는 역할을 해야 하고, 설령 이름이 없더라도 '그냥' 나와선 안 된다. 현실에선 "뭐 해?", "그냥 있어." 같은 말을 할 수 있지만 소설 속에선 '멍한 표정'으로 있어야 할 상황이 아니고선 '그냥 있으면' 안 된다.

개성과 전형성

　괴테는 "어떤 작품이든 그 작품은 작가의 자서전일 따름이다."라고 말했다. 아무리 등장인물이 작가가 아니라 해도 독자는 믿지 않는다. 어느 정도는 작기의 체험이 반영되어 있으리라 미리 생각해 버리는 것이다. 실제로 작품을 써 보면 작가가 잘 아는 것인가, 아닌가에 따라 묘사 따위가 달라진다.

　등장인물이 작가를 닮았다면 더 잘 그릴 수 있으리라. 나를 찾아온 이야기 속의 등장인물들, 그들 속에 작가도 있을 것이다. 전적으로 작가인 건 아닐 테지만 그들에게 작가의 모습이 조금은 투영되어 있을 수도 있는 것이나. 물론 파브르가 곤충이어서 '곤충기'를 쓴 게 아니고, 카프카가 벌레여서 「변신」 속의 인물이 벌레로 변한 게 아니다. 그렇지만 작가 속의 그들을, 나를 찾아온 그들을 잘 그리려면 내가 그들 속에 어느 정도는 들어가야 한다.

　현실 속의 작가는 형편없이 무능력한 인간일 수도 있고, 그 반대의 경우일 수도 있다. 그러나 작품에 나오려면 개연성 있는 인물이어야 한다. 말하자면 그 상황에 딱 들어맞아야 하는 인물. 상황은 시간과 공간 모두를 이른다. 나무의 경우를 예로 들자면 잎이 피어나고, 자라며, 시드는 계절의 시간과 맞아야 그렇지 않으면 개연성이 떨어진다. 소설이니까 어중이떠중이 인물이 다 나와도 그만인 게 아니라 소설이니까 더 논리에 맞아야 한다. 소설이 논리적이라면 바로 개연성을 이르는 말일 것이다. 인물을 두고 보자면, 살아 있는 생명체이려면 '개성'이 있어야 하고 앞뒤 상황에 들어맞으려면 '전형성'도 있어야 한다. 다시 말해 소설도 과학적인 글쓰기와 마찬가지로 논리에 맞아야 한다는 것이다.

　세상 모든 인간의 유전자는 99%가 같다고 한다. 그렇다면 인간을 나누는 차이라고 해 봐야 겨우 1%이다. 작가는 그 1%가 다른 인간의 모습에서 개성을 발견해야 한다. 인간은 1%에 저마다 다른 다양한 표정과 버릇을 담아낸다. 인간과 침팬지의 차이라야 겨우 1.3%이다. 그래도 침팬지와 인간을 나누기는 그리 어렵지 않다. 그러나 인간 안에서 또 인간을 나누기는 쉬운 일이 아니다.

　비슷한 모습을 보이는 게 인간뿐일까? 한 나무에 매달린 나뭇잎도 비슷해 보인다. 하지만 한 나무에 매달린 나뭇잎도 사실은 생김새가 저마다 다르다고 한다. 그 다른 모습에서 개성을 발견해야 하는 게 작가의 임무이다.

　물론 개성만 발견했다고 해서 작가의 일이 끝나는 게 아니다. 그 다음엔 전형을 염두에 두어야 한다. '전형적인 선생 체질!', '전형적인 형사의 모습' 할 때의 '전형' 말이다. 나무를 예로 들자면 마당가에 심겨 있어야 할지, 방 윗목에 놓여야 할지, 창가에 놓여야 할지, 여름에는 어떤지, 가을에는 어떤지 등 공간과 계절에 맞게 제자리에 있어야 한다. 이 점은 소설 속의 사람도 마찬가지다.

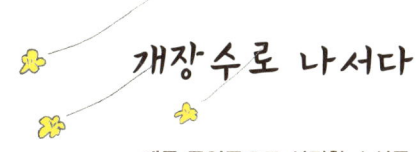

개장수로 나서다
개를 주인공으로 설정한 소설들

국내 연구진이 진도개의 핵 DNA 분석을 하였다. 개를 분석한 것은 2005년에 '복서(boxer)'라는 독일 개에 이어 두 번째라고 한다. 분석 결과 복서와 진도개의 유전체 염기 서열 변이는 0.2%로 나왔단다. 사람의 경우 인종 간의 변이가 0.1%라는 걸 보면 이는 진도개가 오랫동안 유전적으로 격리되어 있던 개라는 뜻이란다. 육지인 해남과 바다를 사이에 두고 약간 떨어져 있는 진도라는 공간에서 오랜 세월 동안 따로 지냈기에 진도개가 만들어졌다는 설을 뒷받침하는 결과이기도 하다.

더욱 놀라운 분석 결과는 진도개의 냄새 맡는 기능, 즉 후각에서 드러났다. 진도개와 복서를 비교해 보면, 후각 기능과 관련한 유전자 변이는 무려 20%로, 후각 유전자 부분에 활발한 변이가 일어나고 있었다. 진도개와 복서의 전체 유전자 구조의 차이는 0.84%로 채 1%도 되지 않는단다. 이에 비하면 매우 큰 차이이다. 이처럼 개는 후각에서 활발한 변이를 거듭하고 있다. 이것은 다른 동물에 비해 후각이 뛰어난 것과 관련이 없지 않을 것이다.

냄새를 잘 맡아서 그랬는지 진도 고향집 개는 우리 형제들이 몇 달 만에 집에 가더라도 우리를 알아보고 반기며 매달렸다. 냄새로 자기 식구를 알아보는 것 같았다. 어려서 집에서 키웠던 개 모두 내가 학교에 갔다 오든, 들을 쏘다니다 오든, 아니면 자기가 쥐구멍을 지키든 코를 활용하여 판단했다. 오죽하면 '개코'라는 말이 생겼을까?

나는 줄곧 1% 차이 나는 인간의 개성을 찾아 작품 속에 그려 왔다. 그렇게 사반세기쯤 글쟁이 노릇을 하다 보니 어느 순간 밑천이 떨어진 느낌이 들었다. 이를테면 등장인물의 폭을 확대해야 할 필요성을 느낀 것이다. 그때 무릎을 친 것이, 개를 그려 보자는 것이었다. 개라면 어려서부터 거의 가족같이 지냈기에 잘 알지 않은가. 진도개는 가족이나 마찬가지인 개다. 그래서 고향에서 같이 산 진도개 이야기를 쓰기 시작했다. 내가 즐겨 쓰는 표현으로는 마침내 '개장수'로 나선 것이다.

작가의 자아는 여럿이다. 그래서 작품 속에 다양한 인물을 등장시킬 수 있다. 굳이 다 체험해 볼 필요가 없다. 작가 카프카가 벌레였기에 그의 작품 「변신」에서 주인공을 벌레로 변하게 한 것은 아니다. 다만 작가인 카프카가 벌레의 자아를 챙겨서 「변신」을 썼을 뿐이다. 같은 이치로 작가인 내가 진도개가 되고 보니 사람의 모습이 달리 보였다. 내 자아가 사람일 때는 잘 모르고 지나쳤던 일이 개가 되어 보니 아주 '사람 판'으로 볼 만했다.

독자는 작가와 등장인물을 쉽게 동일시한다. 하지만 개가 주인공인 소설을 쓴다고 해서 작가를 개로 여기지는 않는다. 이때는 개를 '잘 아는 정도'로 치부해 준다. 그런데, 사람도 잘 알기 어려운데 개를 어찌 알겠는가? 그러나 진도개는 다른 개와 다른 점이 워낙 많아 개성을 발견하기가 그다지 어렵지 않았다. 물론 작가로선 개 이야기도 결국 사람 이야기임을 느껴야 한다.

『개님전』은 책 머리에 붙인 시 「개 안부」에서 출발했다. 고향 집에 전화했을 때 어머니가 당신의 안부보다는 개 안부를 길게 늘어놓는 상황이 개 이야기를 쓰게 했다. 어머니에게 개는 식구나 마찬가지였다. 그래서 개가 밥을 잘 안 먹으면 걱정이 되는 거였다. 도시의 '애완견'과는 다른 차원의 '개 식사'이다. 요즘엔 도시의 개들도 '반려견' 대접을 받는다. 이는 개가 거의 가족이나 마찬가지라는 얘기다. 새끼를 낳고서 입맛이 없어진 어미 개를 보고 어머니는 그 개가 잡아 놓은 노루 뼈를 고아 줄 생각을 하신다.

우스갯소리 같지만 나는 진짜로 '개장수'가 된 느낌이다. 개 이야기를 즐겨 쓰기 때문이다. 작품 『개밥상과 시인 아저씨』(백철 그림, 큰나)에서는 암에 걸린 주인아저씨와 마지막 시간을 같이 보내는 진도개 이야기가 나온다. 주인이 세상을 뜨자 그 개는 상주 노릇을 한다. 『개조심』(주성희 그림, 창비)에서는 자기 집(개집!) 머리에 '개조심'이라는 글씨가 쓰여 있는데 그걸 자기 이름으로 알고 있는 개 이야기를 다루었다. 그런가 하면 노래를 즐겨 부르던 개 이야기는 『애국가를 부르는 진돗개』(최재은 그림, 보림)에 담았다. 개 이야기는 때마다 시로 쓰기도 했다. 이제 동무를 찾아 바다를 건너온 개 이야기를 쓸지도 모른다.

개, 개, 개

어린 시절, 교원인 아버지 따라 시골 학교 관사 살 적에
애국 조회 하느라 운동장 확성기에서 애국가 울려 퍼지면
'어어어어~ 어어어어~' 개 목소리로
'동해물과~ 백두산이~' 따라 부르는 개 학생 있었지
아버지 섬 학교로 발령 나서 이웃에 개 맡기고 떠나면
물살 가르고 바다 건너 찾아온 개 동무 있었지
미처 공판 못 본 나락 가마니 쏠아대는 쥐새끼들
밤새 잔뜩 잡아 댓돌 아래 차례로 뉘어 놓고
주인 일어나 점호하기 기다린 개 일꾼 있었지
처자식도 없이 혼자 사는 주인 사내 암 걸려 죽자
장례 기간 내내 주인 곁 떠나지 않으며

주인 물건 아무도 손 못 대게 으르렁거리던
상복 입은 개 상주 있었지
그때 개들은 사람보다 나았지
지금은 사람보다 못한 개자식들 천지!

'밥값' 하며 살아가는 개님, 아니 우리네 인생 이야기!

소설 『개님전』 관련 인터뷰 1

● 제목도 그렇지만, 특히 표지 문구가 독특하고 신선합니다. 그런데 표준어로 등재되어 있으면서 많은 사람들이 쓰는 '진돗개' 대신 '진도개'로 표기한 특별한 이유가 있나요?

무엇보다도 '진돗개'는 어린 시절 고향 진도에서 같이 지낸 개가 아닌 것 같아요.

지난날에는 '시이시옷'을 무조건 넣는 게 표순어이기도 했어요. 이를테면 냇과, 칫과, 윗과처럼요. 그러다가 본디 한자에서 온 말엔 사이시옷을 안 넣기로 해서 사이시옷을 떼고 다시 내과, 치과, 외과로 했지요. 그런데 유독 '진도개'는 사이시옷을 떼지 않고 '진돗개'를 표준어로 남겨 두었어요. 소리 나는 대로 적는 게 표준어 원칙이라나 뭐라나. 그럼 웬만한 말엔 다 사이시옷을 넣어야 하지요. 아무튼 진도의 개는 본디 '진도견(珍島犬)'에서 온 말이니까 사이시옷을 안 넣은 '진도개'가 맞지요.

어쨌든 지금 진도 사람들은 진도에서 태어난 개는 '진도개', 진도 아닌 곳에서 태어났지만 진도개 혈통을 지닌 개는 '진돗개'로 구분해서 쓰지요. 『개님전』에서 그 구분을 따른 건, 앞에서도 얘기했지만, 무엇보다도 '진돗개'는 어린 시절을 함께 한 개가 아닌 것 같아서였지요.

뭣이여, 개놈?
개놈 아니라 개님!
사람보다 나은 진도개!

개님전 傳

| 박상률 지음 |

● 서사가 빠르고 극적으로 진행되는 드라마를 선호하는 요즘 청소년들이 『개님전』에서 나타나는 '인생의 순환'이라는 보편적이면서 묵직한 주제와 판소리 사설 형식을 차용한 전라도 사투리를 잘 읽어 내고 흡수할 것인지에 대한 고민은 없었는지요?

물론 영상 세대가 소설의 독자이기도 하지요. 그래서 일반 소설에서든 청소년 소설에서든 '스피디'한 문체 어쩌고저쩌고하며 떠드는 게 현실이기도 합니다. 그러나 엄밀히 말하면 영상물과 소설은 애초에 비교 대상이 아니지요. 각자의 영역이 따로 있으니까요. 그런데도 자꾸만 소설이 영상물을 흉내 내지 못해 안달입니다.

영상물이 아니더라도 그림이 잘 그려지는 소설다운 소설은 뭘까, 라는 고민을 했지요. 그래서 판소리 사설체로 써 본 것입니다. 판소리 가락에는 유장한 '말맛'이 있어요. 또 판소리 가락엔 인생과 자연의 흐름을 자연스레 얹을 수도 있어요. 물론 아무나 쓸 수 있는 문체는 아니지요. 진도는 예나 지금이나 판소리 가락이 넘쳐 나는 고장이고, 제 개인적으론 희곡을 쓰고 가르치면서 창작 판소리나 장극에 관심을 두고 오래도록 고민을 많이 한 부분이기도 했어요. 『개님전』을 판소리 투로 쓰면 무엇보다도 내용과 형식이 맞을 거라는 생각을 했지요.

● 이 책의 주 독자인 청소년들에게 『개님전』을 통해 전하고 싶은 메시지가 있다면 무엇일까요?

황구가 노루를 잡아야 하는 이유를 노랑이와 누렁이에게 말해 주는 대목이 아닐까 싶어요.

"노루야 우리헌티고 사람헌티고 해 끼치는 건 읎제. 그라제만 자연의 이치가 해 안 끼친다고 가만 둘 수도 읎은께 으짤 수 읎어. 고것이 숨탄것들의 운명 아니겄냐. 노루도 퍼지는 대로 두믄 밭곡식이 남아나지 않을 것이여. 그라믄 사람헌티도 우리헌티도 좋을 건 읎제……. 그케 되믄 밥그릇 다툼이 일 것이여. 먹을 것 갖고 싸우는 건 사람이고 짐승이고 가리지 않고 자연스러운 일이라 으짤 수 읎어. 숨탄것들은 으짤 수 읎이 자연의 이치를 따라야 하거든. 고렇게 혀야 자연의 질서도 잡히고……. 그라제만 노루를 잡을라치믄 꼭 잡어야 할 때만 잡어야 한다 그 말이제. 그래서 노루 사냥 수칙이 있는 것 아니겄냐!"

약간 '숙명적'인 발언이긴 하지만 그게 '자연의 이치'이기도 하지요……. 요즘은 하도 자연의 이치를 거스르는 일이 많아서!

● 개나 사람이나 '밥값' 하며 사는 목숨이라는 점에서 동등한 존재이고 '밥값 한다'는 행위가 당연하고 중요한 일이라고 여러 번 강조하셨습니다. 단순한 '일'의 의미를 넘어서는 듯한데, 선생님이 생각하는 '밥값'의 의미 혹은 '밥값 하는 행위'의 의미는 무엇인지요?

어른들은 걸핏하면 요즘 아이들이 '개념'이 없다고 혀를 끌끌 찹니다. 그런 어른들은, 아이들 표현대로 하면, '개념'이 많이 '탑재'되어 있을까요? 저는 요즘엔 어른이고 아이고 '개념' 없기는 똑같다고 봅니다. 어른들은 다만 어른의 자리에서 어른 역할을 할 뿐이지, 청소년과 내면 자체는 별로 다를 게 없어요.

『개님전』의 황구를 통해서 어른(부모)의 자리를 돌아보고, 노랑이와 누렁이를 통해서는 아이들(자식)의 내면을 들여다보았으면 좋겠어요. 무얼 어떻게 하고 살아야 '밥값' 하고 사는 삶인가 하는, 개들도 고민하는 '밥값'의 문

제를 인간이 고민하지 않는다면, 진짜 '개만도 못한 인생'이 되겠지요. 어른의 자리에 있으면 어른의 역할을 잘하고, 자식의 자리에 있으면 자식의 역할을 잘해야겠지요. 나아가 사람이면 사람의 도리를, 개라면 개의 도리를 하는 게 '밥값' 하며 사는 삶이겠지요.

● 선생님을 수식하는 말 앞에는 늘 '한국 청소년 문학의 선구자, 개척자'가 따라붙습니다. 10대들의 감성과 그들만의 고민을 놓치지 않고 꾸준히 청소년 문학으로 승화시킬 수 있는 비결이 궁금합니다. 그리고 앞으로 한국 청소년 문학이 나아갈 길과 지양해야 할 것은 무엇일까요?

글쎄, 어쩌다가 청소년들하고 뒹구는 어른이 되어 버렸는지 모르겠네요. 아마 내가 완전히 이별하지 못한 청소년이 내 안에 함께하고 있어서 그런 것 같아요. 어른의 역할을 해야 할 땐 어른 역할을 하지만 그렇지 않을 땐 난 내 안에 있는 청소년을 다독거리기도 하고, 나무라기도 하면서 지내지요. 그러니 굳이 요즘 청소년의 삶에 대해 따로 취재를 할 필요도 없어요. 내 안의 청소년이 하는(하고자 하는/생각하는) 짓을 받아 적기만 하면 되지요. 그런데 어른들은 자신 안에 있는 청소년은 '개 무시'하고 자기 밖에서 청소년을 찾으려 합니다. 파랑새는 집 밖에 있는 게 아니라 집 안에 있어요.

앞으로 청소년 문학이 나아갈 길은 소재의 다양화 아닐까요? 소재를 다양화하자면 또 요즘 아이들을 취재한다고 작가 자신과 아이들을 닦달하겠지요. 하지만 그런 표면적인 소재의 다양화가 아니라 '청소년'이라는 글자가 한 자도 안 들어갔지만 청소년 이야기라 느낄 수 있는 작품이 더 많아져야겠지요.

그리고 청소년 문학에서 지양해야 하는 건, 청소년을 아래로 깔보며 한 수 가르치려는 도인적인 자세를 취하지 않는 것일 거예요. 작가가 도인의 자세를 취하면 계몽성(교육성이 아닌)을 드러낼 수밖에 없어요. 정작 계몽 받아야 하는 이는 자신이면서 말이죠.

● **시, 소설, 동화, 희곡, 산문 등 다양한 작품 활동을 하시는데요, 유달리 청소년 문학에 애착을 가지는 이유가 궁금합니다.**

음, 이야기가 찾아오면 일단 이 이야기를 어느 장르로 표현하면 좋을까를 생각합니다. 음식을 만들 때 어떤 그릇에 담아야 맞는지를 생각하듯이요. 종지에 담을 음식 다르고, 접시에 담을 음식 다르잖아요. 어느 음식이든 한 그릇에 욱여 담으려 하지 않고, 음식에 맞는 그릇을 생각하는 거지요. 그러다 보니 어쭙잖게 장르의 벽을 허물어 버린 글쟁이가 됐지요. 이건 영업 비밀인데, 각 장르의 글이 서로 좋은 쪽으로 영향을 주기 때문에 여러 장르의 글쓰기를 하는 게 사실 무척 도움이 되고 되레 편해요.

여러 장르 가운데 청소년 문학에 특히 집착(?)하는 건, 내 안의 청소년이 사꾸만 자신의 이야기를 써 달라고 채근해서예요. 몸은 어른이지만, 저는 아직도 성장 중인 모양이에요. 어쩌면 죽기 전날까지 성장을 하고 있을지도 모르죠.

- 네이버 인터뷰, 시공사 제공

사람보다 나은 개님 이야기

소설 『개님전』 관련 인터뷰 2

● 『개님전』은 주인공이 '개'입니다. 개의 시점으로 이야기를 써야겠다고 생각한 계기는 무엇인가요? 여러 동물 중에서도 개, 그중에서도 진도개를 선택한 특별한 이유가 있나요?

　개가 사람보다 유명한 동네에서 나고 자라서 전 개라고 하면 다 진도개인 줄 알았어요. 겪어 본 개가 진도개밖에 없었고, 서울에서 30년을 넘게 살았는데 서울에 살면서 개를 봐도 진도개 만한 개는 없더라고요. 요즘 애완견, 반려견이라고 많이 표현하는데 진도개는 반려견 정도가 아니죠. 그냥 식구예요, 가족. 단지 밥만 개 밥그릇에 따로 먹는 것뿐이지. 더군다나 요새는 시골에 집집마다 노인들만 있으니까 개가 있어야 누가 들어오고 나가는지를 알아요. 개가 짖어 주니까요. 예를 들어 개가 짖으면 "노랑아 왜 그러냐?" 그러면서 문을 열어 보는 거죠. 그러면 뒷집 할머니가 "나 왔어." 그러면서 오시고. 그런데 그 할머니가 올 때 차림 그대로 가야지 다른 걸 뭘 들고 가면 개가 따라가면서 짖고, 그렇게 검문하는 거죠. 그럼 주인이 "노랑아, 그거 가져가도 돼." 하고 얘기해 줘야 보내 주고. 그 정도로 개가 사람보다 나으니까, 어찌 보면 먼 데 있는 자식보다 낫죠.

● 개가 화자임에도 보통의 작품들처럼 의인화를 하지 않고, 개의 입장을 지키는 것이 인상적이었습니다. 그 부분을 의도적으로 조절을 하신 건지요.

의도적으로 어떻게 해야겠다는 건 하나도 없었고요. 그냥 제가 어렸을 때 집에 함께 있었던 개 입장이 딱 되니까 개의 눈으로 다른 식구들을 바라보면 어떻겠구나, 하는 마음이 생겼어요. 그러니 굳이 개의 말투나 의인화를 의식할 필요도 없었죠. 내가 개의 탈을 쓰고 나니까 그게 어려운 일이 아니었어요. 그냥 저절로 나왔다고 봐요. 다행인 건 개를 키워 보지 않은 사람은 이런 글을 절대 못 쓰겠구나, 하는 거였어요. 우리 나이 또래의 사람이 다시 40~50년 시간을 거슬러 가서 개하고 지낼 수 없잖아요. 개를 취재해서 쓸 수도 없고. 그래서 이것이 작가로서는 행운이었구나 하는 걸 느꼈어요.

● 개가 겪는 에피소드들이 많이 나오는데, 경험했던 일들이 바탕이 된 것 같은 이야기가 많았습니다. 소설을 쓰면서 그런 경험들 중에서 넣지 못한, 빠진 이야기도 많을 것 같은데요.

개가 어떻게 상복을 입느냐고 그러는데 정말로 그런 일이 있었어요. 다른 책인 『개밥상과 시인 아저씨』에서 주인이 암에 걸려서 떠난 후에 같이 지내던 개가 주인의 옷을 태우려고 하니까 그걸 못 태우게 물어다 놓고, 나중에 상복을 입었던 일도 실제로 있었던 일이었거든요. 그걸 차용해서 『개님전』에서는 좀 다르게 풀어 본 건데, 어떤 사람은 뻥이 심하다고 그러더라고요. 근데 진짜 다 있었던 얘기예요. 단지 내가 작가니까 그 일들이 눈에 걸렸던 것이고, 진도에 사는 제 또래 사람들은 그게 당연한 것이기 때문에 전혀 신기하지가 않은 거죠. 나도 그 동안 그게 당연한 줄 알고 살았는데 서울 개들은 안 그러더라고요. 그래서 '아, 그 이야기들이 소설이 되겠구나' 생각했죠.

● 에피소드가 실제 경험에서 나와서인지 자연스럽습니다. 소설 속 개들의 이름도 그렇고요. 소설 속에 악인이 등장하거나 반전이 있지도 않습니다. 자극적인 것에 익숙해져 있어서 그런지 담백한 느낌이 전체적으로 느껴져 오히려 색달랐습니다.

어렸을 때 진도개 이름은 흰둥이, 백구, 노랑이, 황구 같은 거였어요. 보편적으로 어느 집이나 다 똑같은 거죠. 메리, 도꾸 정도가 좀 다른 이름이었죠. 소설이 드라마와 다른 건 굳이 반전을 꾀하지 않아도 문체에서 느껴지는 게 있다는 것 같아요. 문체는 서술, 묘사, 대화에서 나오지요. 소설을 읽는 재미는 그 세 가지를 보는 것인데, 소설을 자꾸만 드라마, 영화 같은 영상물과 비교해요. 그러니 이야기가 특이해야 하고 뒤집어져야 한다는 강박이 생기는 거겠죠.

● 시대를 드러내는 요소가 특별히 눈에 띄지 않아서인지 『개님전』의 시간적 배경이 요즘인 것도 같고, 예전인 것도 같습니다. 『개님전』의 시간적 배경은 언제인가요?

굳이 시간적인 배경을 의식할 필요는 없을 것 같아요. 개 이야기는 보편적인 것이기 때문에 요즘 아이들도 좋아하고 옛날 사람들도 좋아하니까 이야기 속에 텔레비전을 등장시킨다거나 전화기를 등장시킨다거나 하는 에피소드는 넣지 않았어요. 그래도 이야기 진행이 되니까요. 근데 굳이 시대 배경을 따지자면 한 1980년대 정도? 왜냐면 진도 다리가 1984년에 놓였기 때문에 책 속에 나오는 것처럼 외지에서 장사치들이 잘 드나든 것은 그 이후라고 보면 돼요. 그건 숨겨 둔, 잘 드러나지 않게 소설 속 시대를 알려 주는 장치죠.

● 공간적 배경은 작가님의 고향인 진도입니다. 쓰시면서 아무래도 고향 풍경이 많이 생각났을 것 같습니다. 이 작품 말고도 고향 진도와 관련된 책들이 더 있는데, 고향에 대한 애착이 많은 편이신 거 같아요.

기본적으로 작가는 고향 팔아먹고 사는 사람인 거 같아요. 우리만 그런 게 아니라 외국도 제임스 조이스(아일랜드 소설가, 고향 더블린을 배경으로 한 '더블린 3부작'『더블린 사람들』,『율리시스』,『젊은 예술가의 초상』으로 유명하다.)를 생각하면 더블린이 떠오르는 것처럼 누구든 고향 이야기를 쓰지 않을 수 없어요. 고향의 바람과 서울의 바람이 다르듯이 고향의 것은 바람까지도 몸으로 기억하거든요. 바람뿐 아니라 무엇이든지 첫 기억은 고향의 것이지요. 글을 쓸 때 특히 그런 게 더 되살아나는 거 같아요.

고향을 서울에 뒀다고 하면, 다 비슷한 얘기가 될 텐데요. 좀 특이한 곳이 고향이면 거기서 살 때는 떠나고 싶고 지겹지만, 작가에겐 굉장한 행운이라고 생각해요. 현기영 선생 같은 경우 제주도에서 태어나지 않았다면『순이 삼촌』(창비) 같은 작품이 절대로 나올 수 없었을 거라고 생각해요. 조정래 선생 같은 경우도 순천에서 태어나지 않았다면『태백산맥』(해냄)을 쓸 리가 없었을 거고요. 그냥 의식만 가지고 되는 게 아니거든요. 거기서 태어나 자랐기 때문에 그쪽의 풍경들, 풍물들, 말투 같은 게 몸에 배는 거죠. 그곳에서 일어났던 사건들을 다른 사람들보다 더 절절하게 느낄 수 있으니까요.

저도 진도에서 태어났기 때문에 진도만이 가지고 있는 개, 판소리, 춤, 특별한 장례 문화, 유배지였기 때문에 양반 문화와 서민 문화가 합쳐져 만들어진 독특한 민속 들을 아는 거죠. 진도에서 태어나지 않았다면 몰랐겠죠. 어떻게 보면 행운이에요. 어릴 때는 그곳에서 언제 벗어나나, 하면서 몰래 도시로 도망간 친구들 보면 부러웠지만 지금 생각해 보면 그곳에서 태어나지 않았으면 그냥 그렇고 그런 얘기들을 쓰다가 죽었겠다는 생각이 들어요.

● 배경이 진도이다 보니 책 속에 등장하는 사람뿐 아니라 개들도 사투리를 사용합니다. 사투리 특유의 리듬감이 인상적인데요.

새도 사투리를 쓰지요. 조류 학자들의 연구에 따르면 강원도 새와 전라도 새가 위급할 때 내는 소리가 다르대요. 그러니 개들이 쓰는 말도 고향에 따라 다르겠지요? 그래서 사람들이 쓰는 사투리로 개들이 쓰는 말을 표현해 본 거예요.

● 이번 소설을 쓰면서 어떤 부분에 가장 신경을 쓰셨나요?

가장 신경이 쓰였던 건 생태였어요. 개와 관련된 이야기들은 제가 경험했던 것들을 바탕으로 쓰면 되니까 상관없는데 개의 외모라든지, 그런 생태들은 그렇지 않잖아요. 다들 자기가 기른 개를 기준으로 이야기를 하는데 그걸 객관적으로 쓰려니까 힘들었어요. 진도에 '진도개의 날'이 생겼더라고요. 그런데 거기서 노랑이랑 흰둥이만 진도개로 친다고 해 놨어요. 근데 우리 어렸을 때는 (책에 나온) 흑구가 실제로 있었거든요. 또 호랑이 닮은 개도 있었고, 늑대 닮은 개도 있었고요. 그런 얘기를 써야겠구나 생각했죠. 우리 세대가 가면 이제 다들 모르겠구나, 진도개라고 하면 노랑이 흰둥이밖에 없는 줄 알겠구나 싶어서 그런 내용을 의도적으로 넣은 편이에요. 진도개가 이론적으로 정한 노랑이, 흰둥이만 있는 게 아니라 그런 개들도 있었다는 걸 일반 사람들도 알았으면 하거든요. 소설에 쓰는 것이 관에서 홍보하는 것보다 더 나을 것 같아서요. 그래서 다른 부분에 비해 신경을 좀 더 썼어요.

● 소설을 쓰시면서 좋았던 점과 힘들었던 점은 무엇인가요?

『개님전』을 쓰면서는 늘 웃음도 나고 재미있더라고요. 쓰면서 그다지 고통스럽지 않았어요. 『개밥상과 시인 아저씨』를 쓸 때는 계속 눈물이 나서 쓰는 나도 힘들었어요. 다 써 놓고도 펑펑 울었지만 쓰는 과정에서도 늘 눈물이 나니까요. 근데 이번 소설을 쓰면서는 크게 어려운 점이 없었어요. 정말 즐겁게 쓴 것 같아요. 그리고 『개님전』이라는 글을 써야겠다고 제목을 먼저 생각하고 나니 개님다운 에피소드가 막 나오는 거예요. 너무 많아서 오히려 좀 뺐죠. 이야기가 안 나와서 고생한 것보다 축소시키느라 좀 힘들었달까.

● 청소년을 위한 이야기를 쓸 때 가장 중요하게 생각하는 부분은 무엇인가요?

십여 년 전에 방송에 나갔을 때 진행자가 "아무래도 동화 쓰는 게 쉽죠?" 그러더라고요. 대상 연령이 어려질수록 더 쉽지 않냐고요. 근데 시나 희곡 같은 경우는 내 수준에서 내가 쓰는 어휘를 그대로 쓰면 되고 내가 생각하는 걸 그대로 표현해도 걸릴 것이 없는데, 청소년 소설이나 초등학생을 위한 동화를 쓰게 되면 그 아이들의 수준이 되어야 해요. 내가 알고 있는 어휘가 5만 개 정도라면 아이들이 알고 있는 건 5천 개 정도란 말이죠. 어휘도 아이들의 수준으로 맞춰야 하고 이야기 안에서도 스스로 검열하는 게 엄청 많아져요. 성인 소설은 그런 부분이 없지요.

처음엔 아이들을 알아야 하니 아이들을 취재해야 하는 건가, 했어요. 근데 취재를 통해서 아이들의 언어를 익히고 아이들의 현실을 표현한다는데 그런 책들을 오히려 아이들이 좋아하지 않아요. 왜냐하면 자기들이 더 잘 아니까. 내 안에 있는 아이를, 그 아이가 어땠는가를 기억하면 동화나 청소년 소설을 쓸 수 있는 것이고 내 안에 있는 아이나 청소년을 기억하지 못하면 못 쓰는 거예요. 취재를 통해서 어쩌다 한 번은 쓸 수 있겠지만요.

그런데 제 안에 그 아이가 있더라고요. 그 아이랑 슬슬 놀면 너무 아이 같을 때도 있지만 그게 또 아이의 모습이니까요. 저만 그런가 했더니 2012년에 떠난 동화 작가 모리스 샌닥 같은 경우도 아이가 없었어요. 아이를 좋아하지 않는다고 말하기도 했고요. 그런데 아이를 좋아하지 않으면서 어떻게 그런 이야기를 쓸 수 있었을까요. 결국 자기 안의 아이를 쓴 거예요. 자신이 아이일 때 어땠다는 걸 기억하고 있는 거죠. 작가 로알드 달의 경우도 마찬가지예요. 그 사람은 죽는 순간까지도 자기 안에 있는 아이하고 놀았지 현실의 아이들과 논 것이 아니었어요. 그래서 내 안의 아이를 기억하면 기발한 생각을 할 수 있는 것이고 그걸 못하는 사람은 쓰지 말아야 하는 거고요. 자신 안의 아이를 기억하는가, 그 부분이 일반 작가와 아이들을 위한 글을 쓰는 작가가 나뉘는 지점이 아닌가 생각합니다.

아이들이나 청소년을 위한 책을 보다 보면 제가 생각했던 것보다 훨씬 더 어른스러운 이야기나 생각이 많이 보이는데, 돌이켜 생각해 보면 저도 어린 시절에 제일 싫어했던 것이 어린 아이 취급을 받는 거였던 거 같아요. 그래서 더 깊이 있고 어른스러운 대접을 해 주는 것이 아이들에게 맞는 것 같다는 생각을 한 적이 있어요.

자기 검열이라는 건 자기 안의 아이를 들여다보지 않고 계몽적으로 아이는 이러해야 한다고 어른 역할을 하는 것 때문에 생기는 거죠. 현실로 돌아가면 그렇게 되죠. 학생이 그러면 되냐고 꾸중하기도 하고요. 하지만 그 아이들이 머릿속에선 어른 뺨치는 생각을 하고 있으니까요. 그걸 어느 수준까지 끌어내 줄 것인가. 그걸 판단해야 하는 건데, 한정 없이 가 버릴 수도 없고 그렇다고 아예 언급을 하지 않을 수도 없고, 그 경계선에서 줄타기를 잘해야 하는 것 같아요. 동화나 청소년 소설 쓰기가 그래서 어려운 거죠.

● 강연이나 기타 여러 행사들을 통해 학생들을 많이 만나시는 걸로 알고 있습니다. 어린 친구들을 자주 만나는 것이 작품 활동에도 도움이 되나요?

강연을 일주일에 한두 번 정도, 일 년에 50~60회 정도 하니까 많이 하는 편이죠. 당장 만나서 아이들에게 뭘 배운다기보다는, 숨통이 트이고 내가 쓴 책을 아이들이 어떻게 생각하고 해석하고 받아들이는가를 확인할 수 있어요. 이 아이들이 어떻게 지내는가, 하는 행태는 가끔 만나서 알 수 있는 것이 아니죠. 요즘 아이들의 행태는 오히려 대학에서 선생 노릇을 하며 알게 돼요. 대학 신입생이라고 해도 사실 고등학교 3학년과 차이가 많이 나지 않으니까 그 아이들을 15년, 20년 지켜보면서 요즘 아이들의 행태를 배웠는지도 모르겠어요.

또 중·고등학교 교사들을 위한 연수 같은 곳에서 강연을 하면 모여서 요즘 아이들 흉을 보는 거죠. 선생님들하고 강사가 같이 요즘 아이들을 어떻게 다루어야 하나, 감당을 못해서 고민하고 그런 거죠. 그 과정에서 선생님들이 아이들의 행태에 대해서 많이 이야기해 주기도 하고요.

하지만 아까도 이야기했듯이 아무리 그렇게 듣고 배워도 내 안에 있는 아이가 어떤 아이인가가 더 중요한 거 같아요. 그 아이를 잃어버리면 글을 못 쓰니까요. 그게 아니라면 전국의 교사들만큼 아이들의 행태를 잘 아는 사람도 없으니 선생님들이 전부 다 청소년 소설을 쓰겠죠.

● 요즘 청소년들에게 책은 다른 오락 거리에 비해 사랑받지 못하는 편입니다. 그럼에도 책을 가까이해야 하는 이유를 청소년들에게 말씀해 주신다면요?

책을 읽자고 많이 꼬셔요. 요즘 아이들에게 책을 어떻게 읽혀야 하나, 하는 주제로 '책읽는사회문화재단'이나 '도서관협회'를 통해서 '책 전도사' 비

숱하게 강연을 많이 해요. 그런데 그 강연을 듣는 선생님들이나 사서들도 책을 안 읽어요. 요즘 애들에게 인터넷, 게임, 텔레비전, 드라마 같은 것들이 더 재미있는 건 사실이에요. 근데 어른도 그런 것들이 더 재미있거든요. "책은 뭐 하려고 읽느냐?"라고 묻는다면, 그런 것들을 더 잘하기 위해서라도 읽어야 한다고 강조를 해요. 왜냐하면 생각은 기본적으로 언어로 하기 때문이죠. 음성 언어는 부정확하고 곧 사라지지만, 문자 언어는 논리적이고 책에 기록되어 있잖아요. 영상물에 있는 언어도 음성 언어이니 휘발성이 강한 편이죠.

인문학적 소양이 있는 사람은 그렇지 않은 사람보다 게임 시나리오도 더 잘 쓴다고 아이들을 설득해요. 나쁜 책은 특별히 없으니 책을 많이 읽으라고 하는데, 어떤 책을 읽어야 하느냐고 물으면 박 아무개 책을 무조건 다 읽으면 된다고 해요.

● **작가님이 청소년 시절에 읽었던 책 중 지금의 청소년들에게 권할 만한 책이 있을까요?**

제가 읽었던 책들을 요즘 아이들에게 권하기에는 무리가 좀 있을 거 같아요. 제가 그 책을 접한 건 아주 당연한 거였는데, 당장 우리 아이에게도 그 책을 권하진 못하겠더라고요. 어렸을 때 제일 재미있었던 책은 「선데이 서울」이었고, 백과사전, 인동 장씨 할머니가 시집올 때 가져온 옥편, 할아버지 밑에서 접했던 당송팔대가(당나라와 송나라 때의 문인 8명을 총칭하는 말) 시문 같은 것들도 있었는데 이런 건 요즘 아이들에겐 너무 낯선 것들이죠. 그리고 '백수사'라는 출판사에서 나온 '한국단편문학전집' 5권이 있었는데 그걸 초등학교 6학년 겨울에 내내 읽었어요. 또 「새농민」 같은 농민 잡지가 많았는데 그런 잡지에 보면 『수호전』 같은 소설이나 독자 소설 같은 것들이 연재되어서 그런 것도 보고 그랬어요.

제가 읽었던 책들을 아이들에게 추천하기보단 무엇이든 일단 보라고 해요. 좋은 책, 나쁜 책이 따로 없다고요. 「선데이 서울」을 제일 재미있게 보고 자랐지만 지금 경찰서에 안 드나들고 잘 산다고요. 그저 좋은 독자와 나쁜 독자가 있을 뿐이라고 말하죠. 불경에도 나오지만 똑같은 물도 독사가 먹으면 독을 만들고 젖소가 먹으면 우유를 만드는 것처럼 책도 마찬가지예요. 좋은 책으로 분류되는 교과서만 본 사람들이 오히려 감옥에 가 있더라고요. 그래서 좋은 책, 나쁜 책이 있는 것이 아니라 좋은 독자, 나쁜 독자가 있는 거라고 "뱀이 될래, 젖소가 될래?" 그렇게 묻는 거죠. 아픈 걸 낫게 하고 몸에 좋은 약이라 해도 너무 많이 먹으면 몸에 해로운 것처럼, 좋은 책이라고 해도 다 보지 말라고 해요. 자기 수준에 맞춰서 자기가 필요한 만큼 보면 되죠.

● **페이스북, 트위터를 하시는 걸로 알고 있습니다. 시작하게 된 계기가 있으셨나요? SNS를 통한 독자들, 주변 사람들과의 소통을 어떻게 생각하시나요?**

작가들 중에는 홈페이지도 하고 블로그도 하는 사람들이 있는데 저는 그런 온라인 활동을 일절 안 했어요. 그런데 김응교, 오민석 시인이 트위터와 페이스북을 진작부터 하고 있었던 거죠. 김응교 시인 같은 경우는 트위터 팔로워가 몇만 명이나 되는데, 저한테 왜 안 하느냐고 그러더라고요. 그래서 계정만 우선 만들었는데, 이 친구들이 막 끌어들여서 여기저기 소개도 해 줘 시작한 것이 한 1년 정도 된 것 같아요. 트위터라는 것이 짧게 서너 줄의 글을 올리는 곳이니까 독자와 일정한 거리를 유지하는 데 블로그나 홈페이지보다 오히려 편할 수도 있겠구나 싶었어요.

가만히 생각해 보니 트위터는 시골로 치면 장터 같아요. 모르는 사람들끼리 장에서 만나 떠들다 집에 돌아오는 느낌이 들어요. 페이스북은 저녁에 사랑방에 가서 새끼 꼬면서 그날 낮에 있었던 일을 나누거나 혹은 아침에 빨래터나 우물가에서 전날 동네에 있었던 일을 이야기하는 느낌이에요. 그래서 '아, 이거 나쁘지 않구나.' 싶었어요. 그래서 페이스북도 계정을 만들었는데 어느 날 보니 『겨울여자』를 쓰셨던 조해일 선생도 페이스북을 하더라고요. 그래서 '어르신도 하는데 나도 열심히 해야겠다.' 싶었죠. 그래서 글을 하루에 한 건 정도는 올리려고 하는데 휴대전화로 하는 게 아니라서 쉽지가 않아요.

카프카가 친구, 가족, 연인에게 편지를 한 천 통 정도 남겼대요. 그 열정이 뭐였을까 가만히 생각해 보니 자기 작품과는 별개로 주변 사람들과 일정한 거리를 유지하는 데 편지가 굉장한 작용을 했겠다는 생각이 들었어요. 만약 카프카가 지금 시대에 살고 있다면 분명 트위터나 페이스북을 할 거라는 생각을 해요.

근데 좀 조심스럽기도 하더라고요. 제자들이나 아는 사람들에게 친구 신청을 하거나 팔로우를 하면 부담스러워할 수도 있으니까 내가 먼저 하기보단, 학생들이 먼저 소통하고 싶어 하면 받아 주는 경우가 더 많은 거 같아요. 우리 아이가 처음에 계정을 만들어 줬는데 그래 놓고도 자기가 SNS를 하다가 내 계정이나 관련 글을 보게 되면 질겁을 하나 봐요.

● 글을 꾸준히 쓰는 편이신가요, 영감이 오면 한번에 몰아 쓰는 편이신가요?

자가 생활을 한 지 20년이 넘은 것 같은데 그동안 책을 꽤 많이 냈죠. 글을 쓰는 일 자체가 나를 찾아가는 과정이기도 하지만 어떤 세계인 것 같아요. 내가 어떤 다른 세계에 가 있는 거, 그런 걸 느꼈기 때문에 쓰지 않으면 안 되는 것인데, 그렇다고 시간이 나면 무조건 쓰는가 하면 그런 건 아니에요. 하지만 지하철로 다닐 때 그냥 가만히 보고 있는 것, 손으로 써야만 쓰는 게 아니라 머릿속으로 쓰는 것도 글을 쓰는 거라고 생각해요.

꼭 중요한 일만 해야 하는 건 아닌 것 같아요. 시시한 일이라도 결정적일 때 큰일이 될 수 있어요. 꿀벌은 꿀을 채취하지 않을 때도 여기저기 날아다니죠. 그러다가 마땅한 꽃을 발견하면 꿀을 채취해요. 글을 쓰는 것도 비슷해요. 평소엔 이것저것 일상의 삶 속에서 허우적거리다가 글감이 생기면 집중적으로 몰입해요.

흔히 창조적인 생각이 무분별한 방종에서 나오는 거라고 생각하는데, 창의력과 상상력은 규칙적인 생활에서 나오는 거 같아요. 끊임없이 거기에 몰입하고 있을 때 번뜩 떠오르는 순간을 맞이하는 거죠. 술을 마시고 일필휘지로 글 쓰는 사람은 못 봤어요.

저는 한번 자리에 앉으면 끝까지 쭉 몰아서 써야 하는 편이에요. 중간에 그만두고 일어나면 생각이 끊겨서 다시 처음으로 돌아가야 하고, 글을 쓰다가 완성하지 못하고 죽어 버리면 미완성으로 남는 것도 좀 그렇고요. 그래서 될 수 있으면 몰아서 쓰더라도 끝을 보려고 애를 써요. 그냥 '먹고 자고 놀고 왔다 갔다 하는 모든 것이 글 쓰는 과정이다.' 그렇게 생각해요.

● 요즘 청소년들, 청춘들을 위로하는 책이나 이야기가 유행처럼 많이 나오고 소비되고 있습니다. 그런 경향에 대해 어떻게 생각하시나요?

살다 보면 누군가에게 의지하고 싶어지는 마음은 누구나 있겠죠. 그런데 저는 거꾸로 아이에게 떼를 쓰면서 살고 있어요. "내가 언제나 너를 보호해 줄게."라고 할 때보다 아이에게 떼를 쓸 때 아이가 성장해요. 요즘 부모들은 "넌 그냥 공부만 열심히 해, 다른 건 다 알아서 해 줄게." 그러는데 그건 말도 안돼요. 전 오히려 아이에게 살아 보니 공부가 제일 쉽더라, 넌 쉬운 거 하면서 생색이냐고 떼를 씁니다.

'아프니까 청춘'이라고들 하는데 어른도 아파요. 개인적인 차원으로 환원할 일이 아니라 왜 청춘들이 아픈가를 생각해야 해요. 영어, 수학만 가르치니까 아픈 것이고 취직이 안 되니까 아픈 것인데 그건 개인적인 문제로 이야기할 것이 아닌 거죠. 사회 전체의 시스템적인 문제인 거지.

● 『개님전』을 읽으면서 좋았던 건 아이들을 위한 이야기이지만 가르치려고 하는 어른의 훈계가 느껴지지 않았다는 것과 한쪽만 옳다고 하지 않는 균형적인 시선이 있다는 점이었어요.

어린 시절 할아버지에게 주변에 늘 좋다고 하는 사람만 있으면 아주 위험한 거라고 배웠어요. 너를 싫다고, 나쁘다고 이야기해 주는 사람도 있어야 한다고 하셨어요. 작품을 두고 생각해도 모든 사람이 좋다고 하는 작품은 수명이 짧아요. 이건 아니라고 하는 사람도 분명 있어야 해요. 그래서 작가가 작품 안 인물에 이입해서 한쪽의 편을 들어주면서 이야기를 끌고 나가기보다는 이런 사람도 있고 저런 사람도 있다는 걸 말해 줘야 하는 거 같아요. 그것이 현실이니까요. 그런 현실에 대해서 자기 주관을 가지고 판단하고 사는 것, 그게 중요하다고 생각해요. 그 과정을 통해서 스스로 성장하는 거죠.

처음 동화를 쓰기 시작했을 때부터 전 그게 싫었어요. 어떤 동화는 주인공이 모든 걸 포용하고 이해하고 받아들여 줘요. 근데 어떻게 그러겠어요. 현실이 그렇지 않은데 그렇게 어른이 애들에게 거짓말하는 거죠. 자기들은 그러지 않으면서 동화처럼 살라고 그러고. 그런 것들은 하고 싶지 않았어요.

● 개의 시각으로 이야기가 흘러가는 것이니 세 마리의 진도개를 떨어뜨려 놓는 집주인을 악역으로 그릴 수도 있었을 텐데, 주인이 그럴 수밖에 없던 입장도 이해하게끔 이야기가 흘러가요. 그 현실을 진도개들이 개답게 순순히 받아들이는 과정도 이해가 되었고요.

개뿐만 아니라 요즘 시골에 가면 자식들은 다 도시로 나가고 할머니, 할아버지들만 남아 있죠. 자식들은 주말이나 어버이날, 명절에 가끔 다녀가고요. 근데 어미 입장에선 자식들이 다 제 살길을 제대로 찾아간 것이니 그게 좋은 거죠. 시골에서 어머니랑 한집에 있는 것만이 좋은 건 아니거든요.

● 청소년들에게 가장 해 주고 싶은 말은 무엇인가요?

꿈만 꾸지 말고 지금 할 수 있는 일을 했으면 좋겠어요. 내일까지 살 것처럼 굴지 말고 하루하루 잘 살다 보면 서른쯤 되었을 때 원하는 모습이 될 수 있는 준비가 되어 있을 거예요. 카르페 디엠(Carpe diem), 현재에 충실했으면 해요.

● 앞으로의 계획이나, 혹시 구상 중인 다음 작품이 있다면 살짝 알려 주세요.

언젠가 한 고등학생이 꿈이 뭐냐고 묻더라고요. 어떤 작가는 노벨상 받는 게 꿈이라고 했다면서 말이죠. 그래서 난 날마다 밥상 제대로 얻어먹는 게 꿈이라고 했죠. 그래도 뭔가 다른 게 있을 거 아니냐고 그러던데, 계획이 뭔가 하면요. 이미 요절할 나이는 놓쳤으니까, 벽에 똥칠할 때까지 사는 게 계획이에요. 일단 건강하게 살아 있는 것이 계획이고, 그 건강함 속에서 규칙적으로 살면서 내가 쓰고 싶은 거, 아직도 머릿속에 남아 있는 이야기들, 시, 소설, 희곡, 동화가 많이 있으니까 그걸 다 풀어낼 때까지는 건강했으면 좋겠어요. 건강하려면 매일 밥상을 제대로 받아야 하는 거고요.

지금 하고 있는 건, 청소년 희곡집을 준비하고 있어요. 그리고 시집 정리해서 하나 넘겼고요.

— 대교리브로 인터뷰

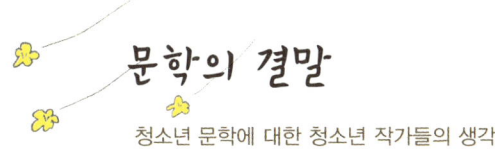

문학의 결말
청소년 문학에 대한 청소년 작가들의 생각

청소년 문학의 정의

송수연 : 이번 토론회의 진짜 주제는 '놀자'니까 간단히 얘기하고 끝내도록 하겠습니다. 청소년 문학 분과의 주제는 '결말'입니다.『완득이』가 소위 '대박'이 난 후에 일반 문학에서도 청소년 문학에 주목하고 이후의 작품들을 평가, 비평하는 움직임이 있었습니다. 그런 평가의 타당성과 관련해서도 그렇고 현재 꾸준히 출간되고 있는 창작물들의 문학적 성취와 관련해서도 결말은 여러모로 이야기해 볼 점이 많은 것 같습니다. 또 아동 문학이나 일반 문학과는 다른 청소년 문학만의 정체성이라는 것이 있을 텐데, 기본적으로 청소년 문학이 가지고 있는 태생적인 문제들과 관련해서 성장과 결말의 관계도 이야기해 보고 싶습니다.

일반적으로 청소년 문학과 성장소설이 같지 않다는 것은 이제 어느 정도 상식이 된 것 같습니다. 청소년 문학이 성장을 주요한 주제로 다루고 있고 그것을 늘 이야기하지만 그렇다고 '성장소설 = 청소년 소설'은 아닌 거죠. 그런데 실제 작품 창작과 평가를 두고 볼 때 '성장'이라는 키워드를 둘러싼 청소년 문학의 결말은 여전히 논쟁이 있습니다. 이해 또는 화해로 갈무리되는 결말을 일각에서는 기존 제도나 사회에 대한 '투항'이나 '거짓 위안'이라는 좁은 의미의 성장으로 읽고 있고, 이런 지점이 현 단계 청소년 문학의 한계로 지적되기도 합니다. 대표적으로 '인공 낙원'이다, '닫힌 결말'이다, 이런 평가들이 있었는데요. 아동·청소년 문학계에서도 결말에 대한 아쉬움을 표현하는 평가가 없었던 것은 아니지만, 주로 일반 문학계에서 제시된 이런 평가들은 청소년 문학의 정체성을 어떻게 파악하고 있느냐에 대한 입장 차이를 보여 주는 것이라고 생각합니다. 결국 청소년 문학의 결말 때문에 청소년 문학의 문학성 자체가 의심받는 측면이 있는데요. 이런 평가에 대해서 작가 선생님들은 어떻게 생각하시는지, 결말에 대한 다양한 설왕설래에 대해서는 어떻게 생각하시는지 이야기해 보고 싶습니다. 이런 것들을 기본으로 하고 제가 두 선생님께 첫 번째로 드리고 싶은 질문은 선생님들이 생각하시는 '청소년 문학, 청소년 소설의 정의가 무엇인가?'입니다. 사실 정의 내리는 게 제일 힘들죠. 아동 문학만 해도 각자의 정의가 있을 테고요. 정답을 요구하는 것도 아니고, 정답은 있을 수도 없다고 생각합니다. 선생님들의 개인적 정의를 말씀해 주시면 됩니다. 청소년 문학이라고 했을 때 아동 문학과 성인 문학 사이에서 변별성은 무엇인지 이야기해 주셔도 좋습니다.

박상률 : 청소년 소설의 정의라고 하면 평론가들이나 학자들은 그럴싸하게 한두 줄로 정리된 말을 떠올리겠지만 사실 작가들은 별다른 생각이 없어요. 그냥 써요. 그리고 옛말에 "재물 있는 곳에 마음이 간다."라는 말이 있어요. 어떤 원로 시인이 늘 들먹이는 말이기도 합니다. 제가 청소년 소설가로 활동을 시작한 뒤 한 십여 년 동안 청소년 소설을 쓰는 사람이 거의 없었는데, 2000년대로 접어들어 동화 시장의 거품이 사라지고 청소년 소설 시장이 열린다고 하니까, 동화 쓰던 작가와 일반 문학을 하던 작가들이 청소년 소설로

많이 몰려왔어요. 결국은 재물 있는 곳에 마음도 같이 따라온 거죠. 그래서 저는 이제 편해요. 이만하면 물러나도 되는구나, 하고요. 그래도 청소년 소설의 정의를 굳이 내려야 한다면, 청소년 소설을 먼저 쓴 사람으로서 이렇게 말할 수는 있습니다. 어느 날, 거실에 엄마가 탁자를 사 놓았습니다. 초등학교 다니는 아이가 지나가다가 다칩니다. 평소대로 휙 지나가다 보니 탁자에 무릎을 찧은 것이지요. 아이가 아프다고 하면서 탁자를 때립니다. "너 왜 여기 있어서 나를 아프게 했니?" 하면서요. 아직 동심이 있는 거죠. 중·고등학교에 다니는 그 아이의 누나나 형도 탁자에 찧습니다. 다치는 순간, "에이" 하면서 바로 쌍시옷(에이 씨!)이 튀어나옵니다. 그렇지만 탁자를 한쪽으로는 안 치웁니다. 자기 방으로 곧장 가지요. 그리고 자기 말고도 다른 사람이 다치기를 바랍니다. 퇴근하고 집에 돌아온 아빠도 다칩니다. 어른도 아파요. 그렇지만 어른은 어른 역할을 해야 합니다. "우리 애들 다치게 이걸 왜 여기다 놨어?"라고 하면서 어른이기 때문에 탁자를 한쪽으로 치웁니다. 배려지요. 방에 있는 큰아이는 아빠가 탁자에 찧는 순간 "쌤통이다." 합니다. 아빠도 다쳤다 이거죠. 자기만 다쳤으면 얼마나 억울했겠어요. 청소년 소설은 이런 독자를 상정하고 씁니다. 청소년은 이렇습니다. 어린아이 같은 동심도 이제 사라졌고, 어른 같은 배려도 하지 않지만 분명히 존재하는 청소년! 그러기에 청소년 문학에서 청소년은 청소년일 뿐입니다. 아동과 성인의 중간 계층이리 생각하며 청소년 소설을 쓰는 게 아니라, 그냥 청소년 소설은 청소년 소설일 뿐이라고 생각하고 쓰지요. 문단에 나올 때 시를 발표했는데 시 청탁보다 산문 청탁이 더 들어오더라고요. 제가 쓴 시를 다시 산문으로 써 보라고요. 그 당시 시는 편당 4만원인가 했는데 산문은 200자 원고지 장당 4천원이었을 거예요. 그럼 산문 60장이면 얼마지? 아이쿠, 말씀드리기 뭐하지만 돈에 눈이 멀어 시작을 했습니다. (웃음) 돈에 눈이 멀었든, 내 몸속에 아직 어른이 다 되지 못한 녀석이 있었든, 하여튼 청소년 소설을 쓰게 되었습니다.

일단 청소년에 대해 쓰다 보니까 그게 내 본업이 돼 버렸지요. 어쨌든 예나 지금이나 "청소년 소설은 청소년 소설일 뿐이다."라고 말할 수밖에 없어요. 다른 건 다 군더더기인 것 같아요.

김혜정 : 저도 청소년 문학은 선생님이 말씀하신 것처럼 독자가 청소년인 게 청소년 소설이라고 생각해요. 그런데 이때 제가 생각하는 청소년은 신체 나이가 아닌, 정신 나이로 규정되는 거 같아요. 신체 나이가 10대인 게 아니라 정신 나이가 10대인 경우가 있잖아요. 나이가 서른이 되었든 마흔이 되었든 정신 나이가 청소년일 경우, 청소년 소설의 독자가 된다고 봐요. 『완득이』가 베스트셀러가 된 원인도 마음이 청소년인 사람들이 많이 읽었기 때문이라고 생각하거든요. 동화 같은 경우 어른이 되어서 보아도 "좋다, 재밌다."라고 생각할 수 있는 것은 아직까지 내 마음속에 열 살 아이가 있기 때문에 그게 가능하지 않을까 생각합니다. 독자의 정신 나이에 맞는 청소년 문학이 진짜 청소년 문학이 아닌가 하는 생각이 듭니다.

청소년 소설의 소재

송수연 : 이건 준비된 질문은 아니고 선생님들 얘기를 들으면서 든 생각인데요. 문학의 효용성은 다양하죠. 뭐 교훈성도 있겠고……. 그런데 저는 기본적으로 재미가 있어야 한다고 생각해요. 그래야 청소년들과 소통을 할 수 있다고 생각하거든요. 우선 아이들이 읽어야 뭐가 돼도 되잖아요. 우리 청소년 문학은 '사계절 1318문고'에서 시작이 되었다고 해도 과언이 아닌데 이후 청소년 문학이 주목을 받으면서 평론가나 연구자들이 가장 많이 지적했던 것이 그런 거였잖아요. 지나간 옛이야기 하지 말고 오늘날 청소년들의 이야기를 하자. 지금 현재의 아이들의 이야기, 관심사, 그런 것에 주목하자고 해

서 이제 그런 이야기들이 많이 나오고 있잖아요. 그래서 지금은 뭐 비보이부터 성적, 외모 같은, 지금 이곳의 아이들의 삶이나 생각에 주목한 글들이 옛날보다는 확실히 많아지고, 이런 것들이 주류가 됐죠. 그런데 이렇게 소재나 표현 방식 같은 부분이 바뀐 현재의 청소년 문학이 초반기의 '회고조'의 작품과 비교했을 때 과연 더 많은 청소년들의 관심을 받는가, 현재의 아이들과 더 많은 접점을 갖고 소통할 수 있는가라는 점에서 생각을 했을 때 저는 개인적으로 죄송하지만 그렇지 않다고 생각하는 점도 상당히 많거든요. 그런 부분들에 대해서는 어떻게 생각하시는지요. 실질적인 독자하고 소통할 수 없으면 그게 아동 문학이건 청소년 문학이건 일반 문학이건 살아 있는 문학이 되기 어렵잖아요.

박상률 : 제가 처음에 제 청소년 시절의 이야기를 발표하니까 "회고조다, 옛날이야기다."라는 말을 많이 했습니다. 근데 지금 아이들은 사실 부모의 어린 시절이 궁금하지 자기네들의 현재 모습이 절실할 정도로 궁금한 건 아니더라고요. 이건 저만의 영업 비밀인데, 청소년들은 부모 시절 이야기를 써 줘야 관심을 갖지, 인터넷·게임·영화 얘기에다, 자기들 노는 행태에 대한 소설을 보면 "이건 우리가 더 잘 알아!" 합니다. 요즘 청소년들은 '엄마, 아빠는 청소년 시절을 어떻게 보냈을까?' 하는 것에 관심이 더 많아요. 그때의 이야기가 개네들한테는 거의 판타지 수준이 되는 거거든요. 회고담, 옛날이야기 이런 게 문제가 아니라, 보편성을 갖추었냐 아니냐가 문제인 것 같아요. 조선 시대 얘기일지라도 보편성이 있으면 지금 아이들한테 통할 수 있지요. 과거 아이들은 물론 현재와 미래 아이들도 변함없이 지니고 있는 게 세 가지 있어요. 이성에 대한 호기심. 이것은 인간이 생겨나서 멸망할 때까지 가질 수밖에 없는 것 같아요. 그다음에 아무리 부모가 잘해 주고 학교 선생님이 잘해 주고 어쩌고저쩌고해도 있는 자리에서 떠나고 싶어 하는 습성

은 옛날 아이나 지금 아이나 다 가지고 있어요. 그러면서도 아직 스무 살이 넘지 않았기 때문에 "미래에 뭘 하고 살지?" 하면서 자신의 장래에 대한 부담감도 있지요. 이건 시대가 언제가 됐든 다 똑같다고 봅니다. 그런 보편성이 있느냐 하는 것이 문제이지 1960년대 얘기냐, 1970년대 얘기냐는 중요한 거 같지 않아요. 지금의 중고생 얘기를 다루더라도 보편성이 없으면 책을 내는 순간 독자도 없이 끝날 수도 있습니다. 제 경험상, 보편성이 있으면 소재에 대한 압박이나 시대의 제한을 생각하지 말고, 자기가 가장 잘 아는 것을 쓰면 그게 청소년 소설이 됩니다. 작가들이 취재한다 뭐 한다 하며 요란하게 설치고서 어렵게 작품을 써 냈는데, 많은 경우 아이들은 억지스럽다고 생각하지요. 자기들이 더 잘 아니까요.

김혜정 : 저는 좀 반대로 생각하는데 아이들이 회고조의 이야기보다는 현재 '나'의 이야기를 읽고 싶어 한다고 생각하거든요. 근데 단순히 오늘 학교에 가서 0교시 청소를 하고 잠을 자고 보충 수업을 하고 이런 얘기가 아니라, 자기가 경험할 수는 없어도 경험할 수 있을 법한 이야기를 했을 때 공감을 얻지 않을까 생각합니다. 저 같은 경우에는 아버지가 저한테 어렸을 때 차비가 없어 걸어 다녔다는 이야기를 하셨는데, '아버지는 왜 저 얘기를 나에게 할까?'라고 생각했거든요. 아버지껜 죄송하지만 공감이 가지 않았어요. 만약 이야기를 쓸 때 보편성이 있으면 가능한데, 지금 아이들에게 학비가 없어 고생한 얘기를 하면 보편성을 획득하기가 힘들 것 같아요. 보편성을 획득하려면 정말 현재 아이들이 궁금한 것이어야 가능할 거 같아요. 1970년대 이야기를 하더라도, 지금 아이들이 공감할 법한 '학업에 대한 고민'이나 '친구들 간의 미묘한 우정', '이성 관계' 등의 이야기를 하면 가능할 듯싶어요. 그런 거야말로 보편적인 주제잖아요. 아이들이 공감하지 못할 과거조의 이야기가 많으면, 아이들이 청소년 문학에서 더 멀어지지 않을까 생각합니다.

청소년 소설만의 특징과 역할

송수연 : 이건 어떻게 보면 작가 선생님들에게는 좀 민망한 질문인데, 두 분 선생님은 현재 청소년 문학이 청소년들에게 실제로 얼마만큼 어필한다고 생각하시나요. 요즘 작품이 아이들이 자발적으로 읽고 싶다는 생각이 드는 작품이라고 생각하시는지 궁금합니다.

박상률 : 일단 누군가가 사서 읽어 주니까 지금까지 굶어 죽지 않고 먹고살겠지요? 누군가가 읽기는 읽는데, 어떤 작품을 더 선호하는지 그게 더 문제겠죠. 저는 제가 잘 쓸 수 있는 이야기, 잘 아는 부분 그것만 쓰는 것이고 그 정도 수준에서 근근이 사는 것이고 다른 부분들, 흔히 하는 말로 대박을 터뜨릴 수 있는 이야기를 쓸 수 있는 사람은 그렇게 쓰는 것입니다. 일단 작가는 쓰고 싶은 걸 모두 쓰는 게 아니지요. 작가는 자기가 쓸 수 있는 것만 씁니다. 저도 제가 쓸 수 있는 것만 씁니다. 그래서 독자가 책을 사 주면 다행인 거고, 뭐 외면하면 그냥 작가 자신의 치유를 위해서 쓴 일기 같은 글이 될 수 있겠죠. 전 그렇게 봅니다.

김혜정 : 저는 요즘 청소년들에게 청소년 문학이 가 닿지 않는다고 생각해요. 아이들을 만났을 때, 청소년 문학이라고 해서 베스트셀러가 된 작품들을 보면 정말 청소년이 사서 베스트셀러가 된 게 아니고 어른이 사서 가능했다고 생각하거든요. 강연 같은 데 가서 아이들을 만나 보면 책을 정말 읽지 않아요. 아이들은 자기들이 사서 읽는 게 아니라, 선생님이 선정해 준 책을 보거든요. "너희 뭐 하니?" 하고 물으면, 웹툰을 정말 많이 봐요. 어른들이 좋아하는 웹툰이 있는가 하면 아이들이 보는 웹툰이 있어요. 질문지에 있는 내용이긴 한데, 우리 청소년 문학이 부족한 점이 뭐라고 생각하느냐고 하면 저는 '다양

성'이라고 생각해요. 제 경쟁자는 웹툰이에요. 단순히 아이들이 많이 읽어서가 아니라 소재가 정말 다양합니다. 아직까지 청소년 소설에 추리나 판타지가 적잖아요. 10대가 웹툰을 많이 봐서 그런지, 10대가 주인공인 웹툰이 아주 많아요. 그런데 배경이나 소재가 상상을 초월할 정도로 다양해요. 학교를 배경으로 하더라도 일상적인 학교의 모습이 아니에요. 예를 들어 요즘 10대에게 인기가 많은 〈방과 후 전쟁활동〉이라는 웹툰이 있어요. 이 웹툰의 내용이 뭐냐면, 이상한 물체가 생기는데 그것을 10대들이 군인이 되어 총을 쏴서 없애려고 하는 거예요. 어떻게 보면 현실을 비유하는 거예요. 입시 현실에 비유해서 얘기를 하는데 아이들이 정말 좋아해요. 아이들이 책을 살 돈이 없어서 못 읽는 게 아니잖아요. 요즘 도서관이 잘 돼 있어서 자기네들이 마음만 먹으면 얼마든지 책을 빌릴 수 있거든요. 아이들이 청소년 문학을 안 읽는 이유가 뭔가 했더니 재미가 덜하지 않나, 그래서 청소년 문학 작가들이 더 재미있는 글을 써야 하지 않을까 싶어요.

송수연 : 김혜정 선생님은 웹툰이 경쟁자라고 하셨는데, 그러면 웹툰을 이기기 위한 나만의 비법 같은 게 있나요? 원래 경쟁 상대가 있어야 더 열심히 잘한다고 하잖아요. 경쟁 상대를 의식하면서 독자를 사로잡을 수 있는 나만의 방법이 있으신지 말씀해 주셨으면 좋겠고요. 박상률 선생님은 아까 말씀하실 때 독자들에게 어필하지 못하는 일기 같은 글을 언급하셨는데요. 그런 글이 되면 안 되잖아요. 내가 어쨌든 이렇게 힘들게 썼는데 아무도 내 글을 봐 주지 않고 나 혼자 보는 일기 같은 글이요. 일기 같은 글이 되게 하려고 글을 쓰는 작가는 없다고 보거든요. 그럴 거면 자기 혼자 쓰지요. 누군가와 소통하고 싶고 내 글을 통해 함께 고민하고 싶어서 글을 쓰신다고 생각하는데, 그렇게 일기 같은 글이 되지 않기 위해서 선생님이 염두에 두고 계신 서사 전략이라든지 방법들이 있다면 말씀해 주세요.

박상률 : 일기는 극단적인 예고, 웃자고 하는 얘기고요. 그런데 소설이 영상 매체하고 만화, 그러니까 그림 매체와 경쟁을 하려고 하면 절대 안 된다고 봐요. 왜냐하면 소설을 읽으면서 재미를 느끼겠다고 하는 사람은 애초에 소설을 보지 않습니다. 작가 처지에서 그런 사람은 소설을 보지 않아도 그만이고요. 이 세상에 재미있는 게 얼마나 많아요? 어른 눈에도 재미있는 게 널려 있습니다. 그래서 재미를 느끼려면 다른 것을 하면 됩니다. 문학을 읽고 쓰고 하는 이유는 재미보다는 감동을 느끼자고 하는 거잖아요. 문자 매체하고 영상이나 그림 매체는 애초에 출발점부터 다르니까 서로 경쟁할 필요는 없다고 봅니다. 문학 안에서 어떻게 쓸 것인가, 어떻게 독자를 만날 것인가, 이걸 고민해야 하는 것이지 모든 독자가 내 소설을 읽어 주길 바라면 안 되지요. 경쟁의식에서 그런 것이 생기는데 내 독자는 만 명이면 만 명, 이만 명이면 이만 명, 이 사람들만 데리고 가면 됩니다. 더 적으면 자기만족으로 끝날 수도 있고요. 문학이라는 것이 글 쓰는 행위 자체로 자기 치유만 돼도 무지 큰 것입니다. 그래서 다른 매체와 경쟁하지 말자, 저는 그렇게 생각합니다.

김혜정 : 저도 웹툰과 경쟁을 하겠다는 건 아니고요. 웹툰만큼 소재가 다양하고, 아이들이 스스로 재미가 있어서 찾아보는 작품을 쓰고 싶다는 뜻이에요. 웹툰과 소설은 당연히 다르죠. 소설만의 장점이 충분히 있어요. 웹툰은 그림으로 얘기를 하는 거잖아요. 소설은 문장으로 이야기를 하고요. 그래서 독자가 사유할 수 있는 방식이 달라요. 웹툰의 아쉬운 점은, 웹툰은 스크롤을 내리면 끝나 버려요. 근데 책의 장점이 뭐냐하면 읽다가 좋은 구절이 있으면 쉬었다 읽을 수 있는 거잖아요. 웹툰처럼 소재가 다양해지고, 장르적으로 더 재미있게 쓰되, 읽었을 때 아이들이 생각을 할 수 있도록 사유의 공간을 넣어 주면 아이들이 웹툰만큼 스스로 청소년 문학책을 찾아보지 않을까 싶어요.

송수연 : 문학과 영상, 문학과 웹툰이 같을 수도 없고 같을 필요도 없죠. 경쟁이라는 말이 가지고 있는 함의가 좀 그렇지만, 제가 뭘 염두에 두고 질문을 했는지는 아실 거라고 생각을 하고요. 기본적으로 저도 박상률 선생님 생각에 동의합니다. 그런데 김혜정 선생님이 생각하는 부분도 우리가 좀 더 고려해 봐야 하지 않을까, 생각합니다.

최원석(질문자) : 웹툰이 인기 있는 이유가 있습니다. 요즘 대학생들이 자주 찾는 사이트를 보면 그들은 긴 글을 읽으려 하지 않습니다. 재미있는 이야기도 길게 쓰면 글 쓰는 매너가 없다고 하죠. 요약을 해야 해요. 웃기는 내용이라 해도 영상이나 사진으로 보지 긴 글을 읽으려고 하지 않아요. 저는 고등학교, 대학교 때만 해도 기존 어른들의 생각에 비판적이었고 사회가 안 됐다는 생각을 좀 많이 했는데 지금 젊은이들은 잘 모르면서 우익화를 언급합니다. 예전에는 돈 많은 것을 창피해하거나 적어도 자랑거리로 삼지 않았는데 요즘은 돈 있는 것을 자랑스러워하고 돈이 있으면 자기가 한 단계 더 높은 위치로 올라간다는 생각을 합니다. 왜 그럴까 생각해 봤는데 이들에게는 꿈이 없는 것 같아요. 그래서 문학이 그들에게 영향력이 별로 없는 것 같아요. 꿈이 있어야 감동이 가치가 있는 건데 이들이 찾는 감동은 식욕이나 성욕처럼 일순간 느끼고 마는 거라고 생각합니다. 그래서 문학이 예전보다는 순위가 많이 밀려나 있습니다. 여기에 대해 어떻게 생각하시나요?

박상률 : 거칠게 정리를 하자면 일단 청소년 소설에 아무리 재미있는 것을 넣었다고 해도 어차피 안 볼 독자는 안 봅니다. 그러니까 문학까지 독자들 입맛에 맞춰 줄 필요는 없어요. 영상이나 그림 매체에 이미 길들여진 독자들은 문자 매체로 아무리 재미있게 해 줘도, 아무리 짧게 해 줘도 안 볼 겁니다.

소설이 독자 모두를 만족시킬 수는 없을 것입니다. 문학을 좋아하는 소수의 마니아들만 본다 하더라도, 어느 정도 연명할 정도만 되면 저는 지금 저 하던 대로 쓸 수밖에 없지 않은가, 하는 생각을 합니다. 어찌 보면 문학 엄숙주의 같은 얘기이지만 그게 답인 것 같아요. 문학 외적인 걸 좋아하는 사람은 그런 걸 좋아하고 또 짧은 글을 좋아하면 됩니다. 영상이나 그림에 길들여진 사람들은 책을 안 읽었기 때문에 어차피 긴 글을 못 봅니다. 이해가 안 되거든요. 그래서 텔레비전 같은 경우 자막을 넣어 줘도 이해를 못하는 사람들이 많습니다. 근본적으로 문자에 대한 해독력을 높이는 것이 중요한 것이고 또 문자를 끝까지 보게 하는 인내력을 기르게 하는 것이 중요한 것입니다. 단순히 독자들의 비위를 맞춰 주는 것은 아니라고 생각합니다. 그런 차원에서 보면 어떤 시인의 시 제목처럼 '독자놈들 길들이기'입니다.

최원석(질문자) : 작가들이 좀 더 적극적으로 청소년들에게 꿈을 꾸게 해야 하지 않을까요?

박상률 : 저는 늘 꿈을 깨자고 합니다. 청소년들이 자꾸 꿈만 꾸고 있어요. 꿈이 뭡니까? 꿈은 잠을 자야 꿔요. 일어나서 움직여야 꿈을 이루는데 꿈만 꾸고 있습니다. 방 가운데에 누워서 천장만 쳐다보며 나는 뭐가 되고 싶어, 뭐 하고 싶어, 이렇게 꿈만 꾸면 절대 안 되지요. 실제로 일어나서, 밖에 나가서 움직여야 합니다. 꿈이라는 것은 어찌 보면 깨어 있을 때 이루는 것입니다. 문학은 꿈을 꾸게 할 수는 있지만 꿈을 이루게 할 수는 없습니다. 꿈을 꾼다고 이루어지는 것은 더더욱 아닙니다. 꿈을 이루게 하는 게 문학의 역할이라고 생각하지 않습니다.

송미경(질문자) : 아이들이 정말 웹툰을 즐겨 보거든요. 저도 목요일마다 보는 웹툰이 있습니다. 저희 아이도 중학생이 되면서 웹툰을 보더니 바뀌더라고요. 선생님이 얘기하신 이미지 시대에 글로 한번 이겨 보겠다는 생각이 중요한 것 같아요. 중학생에게 글짓기를 가르치는데, 작은 페이지에 익숙해져 있기 때문에 재미있는 글도 '스크롤 압박 주의'라면서 읽지 않아요. 하지만 저는 선생님들이 말씀하신 측면이 절망적이지 않아요. 아이들을 데리고 낭독을 시작했는데요. 낭독을 시작하니까 꼼짝없이 앉아서 읽게 되는 거잖아요. 처음에는 앞에서 막 주리를 틀어요, 화장실도 가고. 그런데 나중엔 자기들이 빠져들어요. 그래서 이제는 숙제로 책 한 권을 읽고 오는 거예요. 읽게 할 뿐 가르치지는 않고 있습니다. 읽게만 해도 아이들의 마음을 잡을 수 있는 거예요. 중학생은 동화를 안 읽고 청소년 소설을 읽고 싶어 하는데 주면 못 읽어 오는 거예요. 그래서 4학년 동화부터 읽히니까 빠져들어서 읽어 오더라고요. 자기소개서를 못 쓰던 아이가 『불을 가진 아이』(김옥 지음, 김윤주 그림, 사계절 출판사) 등을 읽기 시작하니까 글을 쓰는 거예요. 저에게도 마음을 열고요. 중학교에 들어갔을 때 읽을거리가 좀 풍성하게 많아지면 아이들도 더 적극적으로 변할 수 있다고 생각합니다.

좋아하는 소설과 안타까운 소설

송수연 : 문학의 몫이리는 게 있죠. 영상이나 웹툰과는 다른 문학민의 걸이 있고 문학만이 감당할 수 있는 몫이라는 게 분명하게 있지요. 그렇다면 이렇게도 생각해 볼 수 있는 것 같아요. 문학만이 감당하는, 감당해야만 하는 부분과 몫에 대해서 우리 자신이 얼마나 철저한가, 하는 거요. 동화 분과 토론에서 창작 방법이나 문체에 관한 이야기를 들을 때 '아, 저래서 작가구나. 나는 참 다가갈 수 없다.'라는 생각이 많이 들었는데, 그렇게 문체 등의 다양한 부분에서부터 문학만의 고유한 부분이 확실히 있고, 그런 부분에서 더 철저

해져야 한다고 생각합니다. 그래야 진짜 문학이겠죠. 평론가들이 재미를 요구하는데 그게 말초적인 재미가 아닌 문학의 고유한 몫을 살릴 수 있는 재미, 이야기 자체를 살릴 수 있는 재미라고 저는 생각해요. 이야기 자체가 힘이 있어서 흡입력이 있는 이야기, 그래서 한 번 웃고 마는 웃음이 아니라 이야기 자체에서 나오는 힘 때문에 빨려 들어가고 생각하게 하는 방식의 재미를 줄 수 있다면, 문학이 좀 더 문학다워질 수 있지 않을까 합니다.

두 분 선생님들 작품 말고 우리나라 청소년 소설 가운데 재미있다고 생각하시는 작품이 뭔지, 혹시 이 작품은 안타깝다고 생각되시는 작품이 있다면 어떤 부분에서 그렇게 생각하시는지 얘기해 주시면 고맙겠습니다.

박상률 : 청소년 소설이라고 봐도 되고, 일반 소설이라고 봐도 되지만 기본적으로 독자를 청소년이라고 상정한 작품 중에 이상권 작가의 『고양이가 기른 다람쥐』가 있어요. 단편 여러 개가 묶여 있습니다. 거기에 묶인 단편들 대부분이 학교 밖의 이야기이면서 생태에 관한 것, 사람이 아니라 동물까지 이야기를 확장시킨 것으로, 청소년 소설의 지평을 넓혔다고 생각합니다. 이상권 작가만이 쓸 수 있는 것이라고 생각해서 제가 해설도 썼는데 독자를 널리 만나진 못한 것 같아요. "이상권" 하면 독자들은 『하늘로 날아간 집오리』만 읽지 『고양이가 기른 다람쥐』에 나오는 이런 얘기는 별로 안 읽더라고요. 늘 안타깝게 생각합니다. 청소년 소설의 소재를 확장한 것인데, 또 문제의식도 있고 읽는 재미도 있는데 말이죠. 근데 어른들은 물론이고 학생들도 별로 모르는 것 같더라고요.

김혜정 : 저는 가장 좋아하는 한 작품을 꼽기보다, 좋아하는 작가가 누구냐고 물어보면 박지리 작가를 이야기하고 싶어요. 박지리 작가의 작품이 아직은 『합★체』와 『맨홀』밖에 없지만, 두 작품의 스펙트럼이 넓잖아요. 발랄한 작

품을 쓰던 사람이 어떻게 『맨홀』 같은 작품을 쓸 수 있었을까 싶어요. 두 작품 사이에 채워질 수 있는 새로운 작품이 상당히 많을 거라고 생각해요. 앞으로 박지리 작가의 작품이 많이 나왔으면 좋겠어요. 그리고 안타까운 작품은 최상희 작가의 『그냥, 컬링』(비룡소)이 있어요. 운동 경기인 '컬링'을 소재로 한 거고요. 청소년 문학상을 받은 작품인데 안타깝게도 청소년 소설이 아닌 일반 소설 시리즈로 나와 버린 거예요. 출판사의 의도는 좀 더 사람들이 많이 읽었으면 하는 거였는데 오히려 청소년들이 우리 책이 아니네, 하고 안 읽는다고 해요. 청소년 시리즈가 아니니까요. 청소년 소설에서 본격 스포츠를 다룬 것이 처음인 것 같은데, 앞으로 『그냥, 컬링』처럼 다양한 이야기가 더 많이 나왔으면 좋겠어요.

송수연 : 박상률 선생님은 굉장히 많은 작품이 나왔고, 김혜정 선생님도 여섯 권의 작품이 나왔는데, 발표한 작품 중 가장 애정이 가는 작품과 그 이유, 그리고 어떤 부분에서 애정을 갖고 계신지, 혹시 나중에 보니까 이런 부분은 살짝 아쉽더라 하는 부분이 있다면 얘기해 주시면 좋겠습니다.

박상률 : 아무래도 청소년 소설로 가장 먼저 발표한 작품, 『봄바람』이겠죠. 그 책으로 청소년 문학의 문을 열었기 때문입니다. 청소년 소설 분야에서 한 10년 동안 혼자 고군분투했지요. 지금이야 많은 작가들이 달려들기 때문에 이런 자리도 마련되었겠지만, 아무튼 저로선 청소년 소설의 문을 열었던 작품이 『봄바람』이기 때문에 애정이 많이 갑니다. 아쉬운 부분이 어디인가는 잘 모릅니다. 책이 나온 지 15년이 넘었지만 처음부터 끝까지 다시 읽어 보지 않았기 때문이지요. 책을 보면 분명 고치고 싶은 데도 있겠지요. 그래도 보지 않는 것이 속이 편할 것 같습니다. 지금 보면 손발이 오그라들 것 같아요. 소설이라는 건 어디로 갈지 어떻게 될지 모릅니다. 물론 콘티를 다 짜 놓

고 쓰는 사람도 있겠지요. 저의 경우 연재할 때는 미리 구성을 합니다. 그럼에도 처음 의도와 달라집니다. 연재가 아닐 경우에는 더욱 어디로 튈지 몰라요. 등장인물이 무슨 말을 할지도 모르고, 쓰다 보면 작가는 전혀 생각지도 못한 말을 등장인물이 들려주기도 합니다. 그럼 그걸 받아 적습니다.

김혜정 : 제일 좋아하는 작품은 『하이킹 걸즈』(비룡소)예요. 이걸 쓸 때는 청소년 문학이라는 게 제 머릿속에 아예 없었어요. 공모전에서 10대를 위한 청소년 소설을 뽑는다고 해서 10대를 주인공으로 하면 되겠거니 하고 소설을 썼어요. 그렇게 당선이 되고 나서 청소년 소설이 있다는 것을 알게 된 거죠. 『하이킹 걸즈』를 써 보니까 청소년이 주인공으로 나오는 소설이 재미있는 거예요. 『하이킹 걸즈』가 아니었으면 그다음 작품을 청소년 소설로 발표하지 못했을 거라고 생각합니다. 그래서 『하이킹 걸즈』를 제일 좋아합니다.

청소년 소설의 결말

송수연 : 네, 마지막으로 오늘의 주제인 '결말'과 관련된 질문을 드리겠습니다. 결말과 관련해서 청소년 소설과 성장소설의 차이점이 뭐라고 생각하시는지 말씀 부탁드립니다.

김혜정 : 청소년 소설 안에 성장소설이 있는 게 아니라, 청소년 소설과 성장소설이 있으면 교집합되는 부분이 있다고 생각해요. 아, 제가 갑자기 궁금한 게 있는데요. 저는 다른 청소년 소설 작가가 청소년 소설을 쓸 때 결말을 정하고 쓰시는지, 어떻게 끝날지를 생각하고 쓰시는지 궁금해요. 그래서 지금 박상률 선생님께 여쭤 보고 싶어요. 청소년 소설이 너무 닫힌 결말이고 착한 결말이라고 하는데, 이게 저를 지적하는 것 같아요. 제가 쓴 글들을 보면 항

상 좋게 끝나요. 제가 왜 그럴까 생각하면, 저는 이야기를 쓰기 전에 어떻게 끝이 날지를 생각하고 써요. 그러면 이 안에서 어떻게 돼야 하는구나, 하고 맞춰 가면서 쓰는 것 같아요. 아직 한 번도 극단적으로 끝을 내 본 적이 없어요. 제 세계관이 좀 보수적이고 답답한 면이 있는 것 같아요. 그래서 저는 저 같은 작가가 있으니까, 반대로 비극적이고 극단으로 치닫는 이야기를 해 주는 작가가 나왔으면 좋겠어요. 아직도 청소년 소설을 쓰는 작가의 수가 많이 부족하다고 생각해요. 더 많은 작가들이 나오고 작품들이 많아지면, 청소년 문학에 많은 결말도 생길 거고, 청소년 문학은 다 똑같다는 말이 나오지 않을 것이라 생각합니다. 박상률 선생님은 결말을 정하고 쓰시나요?

박상률 : 결말을 미리 생각해 놓은 것도 있지만, 저는 일단 제목을 생각합니다. 제목의 상징성 속에 주제가 다 들어가고요. 제목을 정하면 등장인물이 떠오릅니다. 등장인물만 적어 두면 거의 다 쓴 거예요. 그래서 무슨 청탁이 있거나 쓰고 싶은 욕구가 발동하면, 등장인물들이 가지고 있는 생각을 받아 적기만 하면 됩니다. 결말 같은 경우에는 동화를 쓰는 분들도 그렇고 강박이 있는 것 같아요. 청소년 소설은 결말이 좋아야 한다고 생각하거든요. 저는 처음부터 그런 생각을 하지 않고 쓰다 보니까 어떤 놈은 죽어 버리더라고요. 그래서 청소년 소설에서 죽어도 되냐고 하면 "아니, 자기 성질을 못 이겨서 죽는데 작가가 어떻게 말려요?" 그럽니다. 그래서 죽는 게 자연스러워요. 난치병을 치료하는 신약이 갑자기 개발되고, 자살하려는데 밑에서 누가 받아 줬다고 하면 더 억지스러워서 안 되는 것 같아요. 그러면 개연성이 떨어질 수 있어요. 작품 논리상 죽을 놈은 죽어야지요. 결말이 좋아야 한다는 강박을 갖지 말아야 해요. 입말로 전해진 옛날이야기는 결말이 좋지요. 옛날이야기는 어린아이를 무릎에 앉히거나 앞에 바로 앉혀 놓고 말로 들려주었기 때문에 거개가 행복하게 살았다로 끝나요. 지금도 부모가 읽어 주는 저학년 책이나 그

림책의 결말은 좋습니다. 그 또래 아이들은 결말이 좋지 않으면 자다가 경기를 일으켜요. 특히 어린 독자를 상정한 그림책 같은 경우에는 반드시 결말이 좋아야 해요. 왜냐하면 아이들은 현실과 이야기 속의 공간을 구분하지 못하거든요. 이야기 속 공간도 현실로 받아들입니다. 그러니까 그림책의 경우는 결말을 좋게 해야 하지만, 청소년 소설 정도 되면 결말을 좋게 해야 하는 강박이 필요가 없습니다. 자연스럽게 등장인물이 가는 대로 써 주는 것이 개연성이 있다고 생각합니다.

송수연 : 혹시 질문 있으시면 받겠습니다.

안학수(질문자) : 저도 성장소설이라는 걸 써 봤는데, 청소년 소설이라는 것이 청소년들만 가지고 써야 하는가, 청소년들이 관심을 가질 이야기를 쓰면 청소년 소설이 아닌가 싶어요. 다른 이야기를 가지고 쓰더라도, 청소년 문학이라는 정해진 테두리가 필요하고, 그것을 꼭 규정해야 하는가가 궁금합니다.

박상률 : 규정을 짓는 것은 아니고 굳이 정의를 하자면, "청소년 소설" 하면 청소년이 가진 지식이라든지 체험이라든지 하는 것을 바탕 삼아 이해하고 받아들일 수 있는 수준의 이야기겠지요. 그러나 소재의 제한은 없다고 여깁니다. 성춘향과 이몽룡 같은 경우도 조선 시대에 어린 나이로 야동을 찍었잖아요. 그때는 열여섯이면 어른인데 지금은 중·고등학생 나이잖아요. 청소년 소설에서는 흔히 독자를 생물학적으로 열세 살에서 열아홉 살로 상정합니다. 하지만 사회나 가정에서 볼 때, 청소년만의 문제는 없지요. 집안에서 어른의 문제라면 아이들의 문제로 바로 직결됩니다. 학교에서의 왕따 같은 게 그들의 문제이긴 하지만 그것도 사실 따지고 보면 사회 전체의 문제이기도 합니다. 하여튼 청소년들만의 문제는 따로 없다는 게 제 생각입니다.

청소년들이 이해하고 받아들일 수 있는 것이 청소년 소설이고, 더 내려가서 초등학교 아이들이 받아들일 수 있는 어휘 수준, 구성 같은 것들이 동화입니다. 청소년 소설을 반드시 청소년만이 읽어야 한다고는 생각하지 않습니다.

송수연 : 보린 선생님은 청소년 소설의 결말에 대해서 어떤 생각을 가지고 계신지요.

보린(질문자) : 저는 행복한 결말을 좋아해요. 행복한 결말은 아이들에게 하나의 행복한 경험을 준다고 생각해요. 하지만 행복한 결말이 싫을 때도 있어요. 아이들을 제도 안에 편입시키기 위해 거짓된 행복을 주면서 끝낼 때는 화가 납니다. 그래서 작가의 감각이나 진실성 같은 데서 결말이 나오지 않을까 생각합니다.

송수연 : 성장과 관련한 결말에 대해서 누구나 동의할 수 있는 정의는 없다고 생각합니다. 다만 제 독서 경험으로 미루어 볼 때 한 가지 고려할 만한 지점은 있는 것 같습니다. 제가 학생 때 읽은 『데미안』에 유명한 구절이 있습니다. "새는 알을 깨고 나온다. 알은 새의 세계이다. 태어나려는 자는 하나의 세계를 부수지 않으면 안 된다." 제가 그 책을 왜 그렇게 좋아했나 커서 생각해 보니까 그 말 때문이었더라고요. 그 말이 정말 멋있어 보였어요. 굉장히 관념적이고 당시에는 온전히 이해하지 못했는데도 읽었을 때 멋있고, 왠지 이렇게 돼야 할 것 같아서 무척 설레던 기억이 있습니다. 이렇게 문학이 줄 수 있는 꿈이나 낭만 같은 것들이 반드시 필요하다고 생각합니다. 아이들의 현실적인 관심사나 문제를 다루면서도 그런 커다란 것들을 어떻게 잘 버무릴 것인가가 중요하지 않을까요. 제가 고등학교 때 만났던 『데미안』처럼 읽으면서 온전히 이해하지 못하더라도 내 마음과 영혼을 두드리는 한 문장의

중요성, 사실 책을 읽을 때 책의 전부에 만족하기는 힘들잖아요. 저나 주변을 봐도 어릴 때는 한 책 안에서 한 문장이라도 좋으면 그 책 자체가 좋은 거예요. 한두 문장 때문에 내가 사랑하는 책의 목록이 되는 거고요. 그런 것들을 통해서 현재의 여러 가지 다른 것에 마음을 빼앗기고 있는 청소년들에게 한 문장, 하나의 꿈, 낭만을 심어 줄 수 있다면 좋겠습니다. 결말 역시 마찬가지라고 생각합니다. 꼭 짜여질 필요는 없지요. 보린 선생님 말씀대로 저도 해피엔딩이 좋다고 생각하는데 해피엔딩이 강박이 되어서는 안 된다고 생각합니다. 반드시 행복하게, 좋게 끝내야 한다는 생각 때문에 무리수를 두면서까지 행복하게 끝내면 거짓말이겠지요. 그렇기 때문에 인공 낙원이라는 말이 나오지 않는가 합니다. 오랜 시간 함께 이야기하고 들어 주신 모든 분들께 감사합니다.

－「어린이와 문학」 2013 여름 대토론회 / 사회자 · 송수연 / 토론자 · 박상률, 김혜정

● **지은이의 말**

　청소년 문학을 부둥켜안고 뒹군 지 거의 20년 가까이 된다. 10년이면 강산이 변한다는데, 그렇다면 강산이 두 번 바뀔 만한 세월이다. 그간 청소년 문학에 대한 인식이 바뀌었다. 작가는 물론 출판사도……. 처음엔 모두들 긴가민가했다. 작가들도 '기왕이면' 일반 소설을 쓰고자 했고, 출판사도 '기왕이면' 일반 소설을 내고자 했다. 툭 까놓고 얘기할작시면, 청소년 소설은 '돈'이 안 된다는 인식이 있어서 그런 거였다.
　지금은 '기왕이면' 청소년 소설을 쓰고자 하는 작가가 많아졌고, 출판사도 '기왕이면' 청소년 소설을 펴내고자 한다. 모두들 자본주의 세상을 사는지라 재물 있는 곳에 마음이 간다. 그 마음 모르는 바 아니지만 씁쓸하다. 많이!
　물론 청소년 문학이 몇 사람의 전유물인 건 아니다. 그럼에도 내가 많이 씁쓸해하는 건 청소년에 대한 인식을 제대로 하지 않고, 오로지 자신도 한때는 청소년이었다는 것에 기대어 소설을 쓰는 작가가 많기 때문이다. 게다가 출판사는 세상의 흐름을 좇아 청소년 소설에 많이 '꽂혀' 있다. 지금은 워낙 책을 안 읽는 세상이라 청소년 소설도 안 읽힌다. 그렇다면 이들이 썰물처럼 빠져나갈 일도 멀지 않았으리!
　그럼에도 한번 청소년 소설이 부흥한 뒤로는 작가층이 두터워졌다. 진지한 출판사도 많이 생겨났다. 청소년 문학을 먼저 시작한 이로서는 그런 작가와 출판사를 지지하고 격려해야 마땅하다. 여기 수록한 글들은 대부분 그런 글들이다. 잡지나 신문, 혹은 단행본에 청소년 문학에 대해 '좌충우돌' 닥치는 대로 언급하며 애쓴 최근 내 흔적이다.

　서울 근교에 작업실이 있다. 작업실 방에 있는 매화와 동백은 꽃망울만 맺었지 아직 피지 않았다. 마당의 매화와 동백은 활짝 폈다. 맘대로 내리쬐는 봄볕과 마구 불어대는 봄바람을 온몸으로 견뎌서 방에 있는 것보다 더 일찍 폈다. 방에 있으면서 내 손을 타는 꽃. 청소년이 딱 그 짝이다. 청소년들은 어른들의 손을 탄다. 늘 간섭을 받는다. 어른들은 걱정이 되어 노파심으로 그러겠지만 청소년들은 그럴수록 주눅이 들어 자기 할 일을 되레 못한다. 화분이 비좁다면 마당 화단으로 나가야 한다. 청소년도 그렇다…….

2014년 봄 無山書齋에서

박상률

찾아보기

서명

ㄱ

『갈색 아침』 141, 143, 146, 147
『개 같은 날은 없다』 19, 36, 38, 39
『개님전』 20, 204, 207, 209, 210, 214, 215, 216, 219, 226, 227
『개밥상과 시인 아저씨』 205, 215, 219
『개조심』 205
『거대한 뿌리』 133, 135
『검은개들의 왕』 20
『고수』 21
『고양이가 기른 다람쥐』 63, 177, 179, 242
『공사장의 피아니스트』 137
『광장』 12
『괴담』 18
『괴물 선이』 56, 58
『그냥, 컬링』 243
『그놈』 18
『기찻길 옆 동네』 161, 163
『깨소금과 옥떨메』 13
『꼬마 야등이의 세상 보기』 13

ㄴ

『나』 52, 54
『나는 아름답다』 14
『나를 위한 연구』 167

『난 빨강』 15
『난 아프지 않아』 22
『날짜변경선』 72, 74
『내 청춘, 시속 370km』 14
『내가 가장 착해질 때』 126
『내일도 담임은 울 뺄이다』 110, 113
『너는 스무살, 아니 만 열아홉 살』 167
『넌 아직 몰라도 돼』 40

ㄷ

『다이어트 학교』 19
『당신들의 천국』 12
『대통령이 죽었다』 155, 157
『데미안』 12, 247
『도둑』 164
『도미노 구라파식 이층집』 89
『두려움에게 인사하는 법』 19, 76, 78
『똥깅이』 155, 157

ㄹ

『라구나 이야기 외전』 21
『라디오에서 토끼가 뛰어나오다』 118

ㅁ

『마녀를 꿈꾸다』 21
『마음먹다』 101, 104
『맨홀』 19, 48, 242, 243
『멋지기 때문에 놀러 왔지』 148, 150

『모두 아름다운 아이들』 13
『몽구스 크루』 14
『무옥이』 18, 97, 100

ㅂ

『바르톨로메는 개가 아니다』 39
『발차기』 63
『밥이 끓는 시간』 14
『방주로 오세요』 18
『벌레들』 152
『봄바람』 10, 11, 14, 16, 22, 195, 196, 197, 200, 243
『부정변증법』 168
『불량청춘목록』 18
『불을 가진 아이』 241
『빨간 목도리 3호』 44, 46

ㅅ

『사랑니』 22
『사평역』 133
『상큼하진 않지만』 18
『성인식』 63
『세상에 단 한 권뿐인 시집』 22
『소나기』 12
『수레바퀴 밑에서』 12
『수호전』 193, 223
『순비기꽃 언덕에서』 17, 69, 71
『순이 삼촌』 217
『시간을 파는 상점』 21
『신기루』 19, 106
『쌍무지개 뜨는 언덕』 11, 13, 196

ㅇ

『아들과 함께 걷는 길』 93, 95
『아버지의 눈물』 161
『아빠의 봄날』 166
『아빠의 선물』 164
『악마의 비타민』 17
『애국가를 부르는 진돗개』 205
『얄개전』 11, 13, 196
『어느 날 내가 죽었습니다』 85
『어린 왕자』 12
『열다섯, 문을 여는 시간』 65, 67
『열일곱 살의 털』 14
『오월의 달리기』 161
『완득이』 14, 229, 232
『우리들의 일그러진 영웅』 12
『우리들의 자취 공화국』 17
『우주 비행』 21
『우주함대의 최후』 11
『운수 좋은 날』 169
『위저드 베이커리』 15
『이반 일리치의 죽음』 88

ㅈ

『자전거』 166
『자전거 말고 바이크』 114
『장준하』 28
『제2우주』 20
『죽음을 부르는 소녀』 12
『지리산 소년병』 18, 130, 132

ㅊ

『첫날밤 이야기』 122

『초승달과 밤배』 13

ㅋ

『큰아버지의 봄』 164

ㅌ

『태백산맥』 132, 217

『토니오 크뢰거』 12

『톤즈의 약속』 80, 82

ㅍ

『푸른 사다리』 14

ㅎ

『하늘로 날아간 집오리』 63, 242

『하늘을 달린다』 61, 63

『하이킹 걸즈』 244

『합★체』 14, 242

『해남 가는 길』 96

『호밀밭의 파수꾼』 12

『황혼의 타임머신』 11

기타

『1945, 철원』 18

『UFO를 타다』 15

인명

ㄱ

강기희	152
강민	11
곽재구	133
구경미	17
구병모	15, 18
김남중	161, 163
김내성	11
김려령	14
김명인	135, 136
김민수	28
김선영	21
김성종	12
김수경	21
김수영	31, 133, 135, 136
김옥	161, 241
김이윤	20, 76, 101, 103
김준태	160
김중미	133, 135
김하늘	18, 130
김학찬	18
김해원	14, 161
김향이	161
김혜정	19, 232, 234, 235, 236, 238, 239, 242, 243, 244, 248

ㄴ

나윤아	137

남상순	118	서광운	11
노경실	65, 101, 103	서순희	17, 69
		서정홍	126, 127

ㄹ

라헐 판 코에이	39	서지선	164
로알드 달	220	선자은	20
		설흔	148
		송언	96
		송영	13

ㅁ

마르틴 니묄러	145	신동엽	132
마윤제	20	신여랑	14, 114, 116, 117
모리스 샌닥	220	신지영	40
문귀숙	164	신혜진	152

ㅂ

ㅇ

박범신	13	양호문	17
박상률	18, 20, 230, 233, 235, 236, 238, 239, 240, 242, 243, 244, 245, 246, 248, 251	이경혜	85
		이경화	52, 54
		이금이	19, 106, 108
		이명랑	101, 103
박선희	18, 89	이문열	12
박성우	15	이민	166
박신식	161	이병승	80
빅영란	21	이상권	21, 22, 61, 64, 101, 103, 177, 179, 189, 242
박영희	155		
박정애	56, 122	이성아	152
박지리	14, 48, 242, 243	이송현	14
방미진	18	이순원	93, 152
배봉기	15	이시백	101, 104, 152
		이옥수	14, 19, 36, 38

ㅅ

		이창숙	18, 97
생텍쥐페리	12	이청준	12

이현	18		헤르만 헤세	12
이혜영	164		현기영	155, 217
임철우	133		현진건	169, 170, 172, 173, 174
			홍명진	21, 152
			황순원	12

ㅈ

장문식	161
장지혜	164
전삼혜	72
정미	101, 104
정채봉	13
제롬 데이비드 샐린저	12
조정래	217
조흔파	11

ㅊ

최상희	243
최시한	13
최용탁	152
최인훈	12

ㅌ

테오도르 아도르노	168
토마스 만	12
톨스토이	88

ㅍ

프랑크 파블로프	141

ㅎ

한정기	164
한정영	44

그림 출처

37p : 『개 같은 날은 없다』 표지
비룡소 제공, ⓒ비룡소

41p : 『넌 아직 몰라도 돼』 표지
북멘토 제공

45p : 『빨간 목도리 3호』 표지
다른 제공, ⓒ민혜원

49p : 『맨홀』 표지
사계절출판사 제공, ⓒ박혜림

53p : 『나』 표지
바람의아이들 제공, ⓒ바람의아이들

57p : 『괴물 선이』 표지
한겨레틴틴 제공, ⓒ한겨레틴틴

56p, 59p, 60p : 『괴물 선이』 삽화
한겨레틴틴 제공, ⓒ한겨레틴틴

62p : 『하늘을 달린다』 표지
자음과모음 제공, ⓒ(주)자음과모음

66p : 『열다섯, 문을 여는 시간』 표지
탐 제공, ⓒ탐

70p : 『순비기꽃 언덕에서』 표지
문학과지성사 제공, ⓒ문학과지성사

73p : 『날짜변경선』 표지
    문학동네 제공, ⓒ문학동네
77p : 『두려움에게 인사하는 법』 표지
    창비 제공, ⓒ창비
81p : 『톤즈의 약속』 표지
    실천문학사 제공, ⓒ이병승
82p, 83p, 84p : 『톤즈의 약속』 삽화
    실천문학사 제공, ⓒ이병승
86p : 『어느 날 내가 죽었습니다』 표지
    바람의아이들 제공, ⓒ바람의아이들
90p : 『도미노 구라파식 이층집』 표지
    사계절출판사 제공, ⓒ이푸로니
94p : 『아들과 함께 걷는 길』 표지
    실천문학사 제공, ⓒ이순원
98p : 『무옥이』 표지
    상상의힘 제공, ⓒ이창숙, 김재홍
97p, 99p, 100p : 『무옥이』 삽화
    상상의힘 제공, ⓒ이창숙, 김재홍
102p : 『마음먹다』 표지
    우리학교 제공, ⓒ정은경
103p, 105p : 『마음먹다』 삽화
    우리학교 제공, ⓒ전소연
107p : 『신기부』 표지
    푸른책들 제공, ⓒ이누리
111p : 『내일도 담임은 울 뻴이다』 표지
    휴머니스트 제공, ⓒ휴머니스트
115p : 『자전거 말고 바이크』 표지
    낮은산 제공, ⓒ낮은산
119p : 『라디오에서 토끼가 뛰어나오다』 표지
    시공사 제공, ⓒ시공사
123p : 『첫날밤 이야기』 표지
    단비 제공, ⓒ도서출판 단비
127p : 『내가 가장 착해질 때』 표지
    나라말 제공, ⓒ도서출판 나라말
131p : 『지리산 소년병』 표지
    별숲 제공, ⓒ김종도
134p : 『거대한 뿌리』 표지
    우리교육 제공, ⓒ이미경
138p : 『공사장의 피아니스트』 표지
    뜨인돌 제공, ⓒ클로이
142p : 『갈색 아침』 표지
    휴먼어린이 제공, ⓒ휴먼어린이
144p, 147p : 『갈색 아침』 삽화
    휴먼어린이 제공, ⓒ휴먼어린이
149p : 『멋지기 때문에 놀러 왔지』 표지
    창비 제공, ⓒ창비
153p : 『벌레들』 표지
    북멘토 제공
156p : 『대통령이 죽었다』 표지
    실천문학사 제공, ⓒ박영희
156p : 『똥깅이』 표지
    실천문학사 제공, ⓒ현기영
157p, 159p : 『똥깅이』 삽화
    실전문학사 제공, ⓒ현기영
162p : 『아버지의 눈물』 표지
    푸른나무 제공, ⓒ푸른나무
162p : 『오월의 달리기』 표지
    푸른숲주니어 제공, ⓒ홍정선, 푸른숲주니어
163p : 『오월의 달리기』 삽화
    푸른숲주니어 제공, ⓒ홍정선, 푸른숲주니어
165p : 『기찻길 옆 동네』 표지
    창비 제공, ⓒ창비

165p 「큰아버지의 봄」 표지
　　한겨레아이들 제공, ⓒ한겨레아이들
167p 「큰아버지의 봄」 삽화
　　한겨레아이들 제공, ⓒ한겨레아이들
170p 「운수 좋은 날」 표지
　　애플북스 제공, ⓒ애플북스
178p 「고양이가 기른 다람쥐」 표지
　　자음과모음 제공, ⓒ(주)자음과모음
208p 「개님전」 표지
　　시공사 제공, ⓒ시공사